MARXISM

陈先达
讲马克思主义

图文版

———

陈先达丨著

人民东方出版传媒
People's Oriental Publishing & Media
东方出版社
The Oriental Press

图书在版编目（CIP）数据

陈先达讲马克思主义：图文版 / 陈先达著 . —北京：东方出版社，2022.5
ISBN 978-7-5207-2630-6

Ⅰ . ①陈⋯　Ⅱ . ①陈⋯　Ⅲ . ①马克思主义—研究　Ⅳ . ① A81

中国版本图书馆 CIP 数据核字（2022）第 060910 号

陈先达讲马克思主义：图文版
（CHENXIANDA JIANG MAKESIZHUYI：TUWENBAN）

作　　者：陈先达
责任编辑：孔祥丹
责任校对：金学勇
出　　版：东方出版社
发　　行：人民东方出版传媒有限公司
地　　址：北京市西城区北三环中路 6 号
邮　　编：100120
印　　刷：三河市中晟雅豪印务有限公司
版　　次：2022 年 5 月第 1 版
印　　次：2022 年 5 月北京第 1 次印刷
开　　本：710 毫米 ×1000 毫米　1/16
印　　张：18
字　　数：220 千字
书　　号：ISBN 978-7-5207-2630-6
定　　价：68.00 元
发行电话：（010）85924663　85924644　85924641

目 录

中篇　马克思主义与中国

前　言

　　习近平总书记指出，中国共产党为什么能，中国特色社会主义为什么好，归根到底是因为马克思主义行！中国共产党百年党史就是一部马克思主义理论学习史、创新史、发展史。百年党史表明，我们党一以贯之坚持把马克思主义理论与党的实际相结合，用科学理论武装自己，认识和改造客观世界，从而带领中国人民取得一个又一个伟大胜利。用科学理论武装自己是加强党性修养的关键，是我们党永葆青春与先进性的根源，更是我们党砥砺前行的思想基础。这个科学理论就是马克思主义。党的十八大以来，以习近平同志为核心的党中央多次强调学习马克思主义的重要性，要求全党认真学习马克思主义，学习马克思主义中国化最新成果，用科学理论武装头脑，不断提升理论素养，增强党员干部的政治修养，指导实践、推动工作。

　　马克思主义是具有国际性的、具有世界影响的学说，它能够与一国具体实际和民族优秀文化相结合，指导革命、建设和改革实践不断走向成功。当今世界，马克思主义不仅是伟大的理想，而且是现实的指导思想和发展道路。对中国而言，它更为重要。中国是以马克思主义为指导的社会主义国家。中国特色社会主义理论的本质就是马克思主义与中国具体实际、中华优秀传统文化的结合。中国的命运与马克思主义息息相关。在中国共产党领导中国人民波澜壮阔前进的 100 多年征程中，马克思主义是引导中国革命、建设和改革走向胜利的根本保证，是中国革命和中国特色社会主义建设的指路明灯，也是马克思主义发展史上最光辉的篇章。历史是一面镜子，也是一部教科书。马克思主义只有中国化才能发挥其革命性的本质作用，而中国革命、建设和改革只有以中国化的马克思主义为指导才能真正获得成功。

必须在发展马克思主义中推进马克思主义的学习。马克思主义伟大而不可战胜，但它必须发展，必须符合时代的实际需要，成为时代精神的精华。这就要求我们，必须把马克思主义和中国实际结合起来，在结合中创造性地发展推进马克思主义。真正的创造性发展，不能只是停留在理论自身，而是应该勇敢地面对问题本身。以问题为导向是马克思主义的理论思维传统，也是马克思主义不断发展的本质特征，也为马克思以后的马克思主义的创造性发展提供了无限的可能和空间。因为问题具有时代性、民族性和历史阶段性。不面对资本主义向何处去、人类如何获得解放的问题，就没有必要产生马克思主义；不科学地寻找资本主义向何处去、人类如何获得解放的答案，就不可能产生马克思主义。马克思之后的马克思主义，必然会遇到马克思所处时代没有出现的新情况、新问题。新时代，我们必须以问题为导向，围绕并解答新时代坚持和发展什么样的中国特色社会主义、怎样坚持和发展中国特色社会主义，建设什么样的社会主义现代化强国、怎样建设社会主义现代化强国，建设什么样的长期执政的马克思主义政党、怎样建设长期执政的马克思主义政党等重大时代课题，才能推动马克思主义创造性地发展。在发展马克思主义中实现对马克思主义认识的深化和升华，进一步推进马克思主义的学习。

必须紧扣时代脉搏学习马克思主义，常学常新。广大党员干部要明白学习马克思主义不能一蹴而就，而是要久久为功，要做到活到老、学到老，读懂、弄通、悟透。一名新时代的共产党人学习马克思主义，应该坚持理论联系实际，学习和掌握马克思主义基本原理，尤其重要的是学习研究习近平新时代中国特色社会主义思想，研究总结党的十八大以来全面建成小康社会的实践经验和习近平总书记对马克思主义的创造性发展。新时代，我们理应高举马克思主义伟大旗帜，结合中国发展迈入新发展阶段，以创造性的态度坚持马克思主义，学习马克思主义，要深刻学习和领悟崭新的马克思主义中国化成果——习近平新时代中国特色社会主义思想，用它来思考中国的过去、现在和未来，融入全面建设社会主义现代化国家的新征程中。正如习近平总书记在纪念马克思诞辰 200 周年大会上所强调的，新时代，中国共产党人仍然要学习马克思，学习和实践马克思主义，不断从中汲取科学智慧和理论力量。要继续高扬马克思主义伟大旗帜，让马克思、恩格斯设想的人类社会美好前景不断在中国大地上生动展现出来。

实现中华民族伟大复兴，一刻也不能没有科学理论思维、一刻也不能停止科学理论学习。不忘初心，牢记使命，要充分运用好马克思主义理论最新成果指导我们的学习和工作，深入学习习近平新时代中国特色社会主义思想，跟上党的步伐。只有坚持思想学习、理论学习，不忘初心才能更加自觉，担当使命才能更加坚定。思想理论硕果累累，闪耀星空，马克思主义无疑是其中最为明亮耀眼的。马克思主义内容丰富，博大精深，犹如一座巍峨的大山。攀登者必须以毕生之力研读、掌握并学会运用马克思主义，任何浅尝辄止者，都不能成为一个真学、真懂、真信、真用的马克思主义者。新时代，正确理解和掌握马克思主义，念好马克思主义"真经"，中国共产党人就必须在学懂弄通做实上下功夫，推动当代中国马克思主义、21 世纪马克思主义深入人心、落地生根。

上篇
什么是马克思主义

正确理解马克思主义的一个基本出发点

不知在什么书上读到过外国人的一段议论，说是洋人在中国如果修铁路、采矿受到抵制的话，你就说孔夫子说过，只要孔夫子书上有的他们就不会反对。如果在非洲干什么遭到反对，你就说《圣经》上有，他们就不会反对。有人加以引申说，马克思主义者也是这样，你只要说，马克思和恩格斯经典著作说过的就可以做，没有说的就不能做。这当然是瞎说，只有僵死的教条主义者才这样。翻开任何一本马克思主义的著作，任何一个真正的马克思主义者都承认马克思主义的创造性，反对把马克思主义变成问题的答案。

如果把马克思主义看成答案，只有两种可能性：或者是教条主义，一切问题都要到马克思主义经典著作中找根据；或者是修正主义，以马克思主义没有提供当前问题的答案为由而抛弃马克思主义，宣扬马克思主义过时论。前一种思潮和后一种思潮在国

链接阅读

《圣经》：犹太教与基督教的共同经典，又名《新旧约全书》，由《旧约》《新约》组成。

际共产主义运动中都存在过。的确，如果把马克思主义看成问题的答案，当然有个过时问题。因为随着时间、条件的变化，根据当时、当地条件而得出的结论和答案是变化的。任何一代伟大的马克思主义者，包括马克思和恩格斯本人在内，都不可能为他们逝世以后的问题准备现成的答案。如果这样要求，表明根本不理解什么是马克思主义。所有当代关于马克思主义过时论的论据，都是建立在对什么是马克思主义的错误理解上。

★ 马克思雕像　时耘／供图

马克思主义是一个创造性的开放的科学思想体系。从马克思和恩格斯创立时的马克思主义体系看，马克思主义包括它的新世界观、对资本主义的经济分析和由此得出的关于社会主义革命的一系列结论。可见马克思主义创立时包括两个不同的部分：一部分是根据当时的实践（包括自然科学和社会科学成就）直接概括的经过验证的理论，例如，哲学理论和关于资本主义生产方式的本质和基本矛盾，关于价值和剩余价值理论；另一部分尽管包括具有科学性的基本原则，但是没有经过实践检验，属于推测和假设的理论，例如，关于无产阶级如何取得政权、关于社会主义基本特征等。马克思和恩格斯当时只能

链接阅读

剩余价值： 指在生产过程中由雇佣工人所创造的、超出劳动力价值以上、被资本家无偿占有的那部分价值。剩余价值是马克思分析资本主义经济关系的核心概念，剩余价值学说是马克思经济理论的基石。

从西方资本主义现实出发考虑无产阶级取得政权的方式，只能从与西方现实资本主义对立的角度逻辑地考察社会主义的基本特征。所谓公有制与私有制的对立、计划经济与市场经济的对立、按劳分配与按资分配的对立，讲的是抽象形态中的两种社会形态的对立性。至于在建立现实社会主义过程中、在特定条件下也可能出现不是非此即彼而是亦此亦彼同时并存的局面，这个问题不在他们思考之列，因为现实并没有提出这个问题。因此，马克思主义的体系始终是未完成的，即不是封闭的体系。列宁和毛泽东就根据实践经验对无产阶级如何根据本国特点夺取政权各自大大发展了马克思主义。至今，西方发达资本主义国家的马克思主义仍在就发达国家如何革命问题进行探索，而邓小平根据经济文化落后的中国的实践经验，对什么是社会主义和怎样建设社会主义问题进行了创造性的研究，创立了邓小平理论，在当代中国把马克思主义发展到一个新的阶段。那种认为应该把马克思主义的原理列出一个清单，哪些可以变、哪些不能变的思维方法是形而上学的。马克思主义中凡是经过实践检验的原理，应该不断总结新的实践经验和科学成就丰富和发展，凡属原来未经检验未经实践的原理，应该根据新的实践和新的经验去验证、补充和纠正，即用新的原理代替过时的旧的原理。一部马克思主义史就是不断创造性发展和用新的原理代替个别旧的原理的过程。这与马克思主义过时论是截然不同的，马克思主义过时论是针对马克思主义整个体系说的。就体系而言，马克思主义永远不会过时，因为它以实践为源头活水，不断与时俱进。会过时的是个别原理，而个别原理的过时，正是整个体系永具活力的保证。

在考察马克思主义科学体系时，我们不仅要区分经过检验和未经检验的原理，还要区分马克思主义基本原理和具体结论。经过检验的基本原理是对规律的把握，可以丰富但不会过时，如马克思主义关于世界的物质性和发展的辩证规律的认识、关于历史发展规律的认识、关于资本主义生产方式的本质和资本主义基本矛盾的认识、关于资本主义最终会为更高的社会形态——社会主义所取代的认识，等等。列宁说马克思主义之所以万能是因为它正确，毛泽东说马克思主义是放之四海而皆准的普遍真理，都是从普遍规律的角度讲的。至于马克思主义经典作家根据特定时间、地点作出的结论并不是不可改变的。例如，马克思和恩格斯曾指望1848年德国发生革命，并断言德国革命面临人类解放的革命，可后来德国革命很快遭到失败。事实证明，由于条件变化或其他原因，马克思和恩格斯的某些预言和论断失效是不足为怪的，如果言皆必中反而是不可理解的。我们应该从马克思主义创立的角度来考察马克思和恩格斯的某些论断。马克思和恩格斯的时代仍然是资本主义上

链接阅读

德国革命：指在1848—1849年欧洲革命中，德意志人民进行的资产阶级民主、民族革命，爆发于1848年3月。在革命中，德意志各邦提出了结束封建割据状态、实现国家统一的要求。这次革命虽然失败了，但打击了封建势力，为德国统一创造了条件。

★ 反映德国革命运动的绘画：1848年3月18日柏林的街垒　文化传播/供图

升时代。可是由于历史赋予他们的使命是为资本主义必然被社会主义所取代进行理论论证，因而他们着重揭示的是革命即将到来的前景，强调资本主义丧钟已经敲响。尽管马克思也说过，当一种生产关系还能容纳生产力发展时是绝不会灭亡的，但总的说，当时对革命前景过于乐观，对资本主义的潜力和自我调整的可能性缺乏足够的估计。因此，马克思和恩格斯关于社会主义基本特征和革命前景的考察，明显具有时代和地区性的局限。这并不损害马克思主义的指导作用和威信，因为正是他们一再强调，他们的理论不是教条，而是观察问题的方法，对马克思主义原理的应用应该依时间、地点、条件的不同而不同。

链接阅读

考茨基（1854—1938）：国际工人运动社会活动家，德国社会民主党和第二国际机会主义领袖、理论家，1881年在伦敦结识了马克思和恩格斯，后来受恩格斯委托，整理出版了马克思《资本论》第四卷（即《剩余价值理论》）。

例如，恩格斯在致考茨基的信中曾批评德维尔关于《资本论》评论的缺点，说他把马克思认为只在一定条件下起作用的一些原理解释成绝对的原理。德维尔忽视了这些条件，因此那些原理本身就变为不正确的了。在另一封给屠拉梯的信中，恩格斯提出了同样的批评，说德维尔在许多地方把马克思的个别论点绝对化了，而马克思提出这些论点时，只是把它看成相对的，只是在一定条件下和一定范围内才是正确的。历史上和当代还没有一种理论和学说，在总体上能像马克思主义这样为人们认识和改造世界提供基本的理论和方法，也没有一种理论和学说像马克思主义这样强调理论的运用必须联系实际，必须具有创造性。凡是马克思和恩格斯没有做到的，他们的后继者可以做到，后继者还有后继者。这个过程永无止境。正是在这个过程中马克思主义永葆青春。

所以，马克思主义自身就包括如何对待马克思主义的问题。不知道什么是马克思主义，就不知道如何对待马克思主义。反过来，不知道如何正确对待马克思主义，把经典著作中的只言片语、把一些具体结论、把一些尚未经检验的推理和预测当成永恒不变的原则，就弄不清什么是马克思主义。

判断真假马克思主义的唯一标准

有人问，马克思主义是一还是多？马克思主义可不可以有不同学派？马克思主义当然不只是列宁、毛泽东一家一派一系，其他都是异类。可又不能抽象地说，马克思主义是多，任何学派只要自称马克思主义都可归属于马克思主义之中。现在有人就说，马克思主义有西方马克思主义、苏俄马克思主义即斯大林模式的马克思主义、东欧新马克思主义、南斯拉夫实践派马克思主义、西方民主社会主义，如此等等，它们都是马克思主义的学派，任何人都无权把别的马克思主义学派"革出教门"，否则就是缩小队伍，是关门主义。我认为这种说法有点片面。

是不是马克思主义应该有自己的标准。这个标准不是经典文本的引证，不是政治权力，不是谁得衣钵真传。照我看，衡量是否属于马克思主义的派别，标准仍然是实践。凡是主张马克思主义与各国实际相结合的，以马克思主义关于无产阶级和人类解放为

链接阅读

南斯拉夫实践派：又称"创造性的或人道主义的马克思主义派"，南斯拉夫"新马克思主义"派别。南斯拉夫哲学界一些年轻哲学工作者因不满苏联哲学界对马克思主义的解释，于 1964 年创办《实践》杂志，因而得名"实践派"。1980 年，实践派的 8 位理论家被开除出贝尔格莱德大学，实践派解体。

最高使命的学派都属于马克思主义学派。即使他们之间存在某些观点的分歧，如对革命的方式、道路的选择，对社会主义建设与方式的不同选择，或对某些观点的解释，各自存在不同的看法都是正常的。因为这种分歧是由各自所处的实际环境和面对的问题不同而产生的，关键在于是不是否定无产阶级和人类解放这个总的方向和历史使命。任何为资本主义社会和资本主义私有制永恒化和合理化辩护的理论，任何抽象赞扬自由平等博爱的理论，无论怎样摇晃马克思主义的旗帜都是非马克思主义的学派。

所以马克思主义学派不是纯学术领域中的学派，而应该是总的目标一致而达到目标的道路和方式不同而形成的具有不同的民族特色的马克思主义学派。这是马克思主义与各国实际相结合的正常状态。任何国家的马克思主义都无权反对别的国家的马克思主义与本国实际相结合的道路，反对由此得出的不同于自己的结论。当年毛泽东为日本共产党的题词就是马克思主义必须与日本实际相结合。这应该是任何马克思主义学派之所以属于马克思主义学派的共同原则。

至于一些关在书斋里的学者脱离或抛弃马克思和恩格斯毕生为之奋斗的无产阶级和人类解放的事业，以对马克思主义著作不同解读的分歧而形成的不同学派，这些可以称为马克思学学派或马克思主义学说研究者的学派，而不能称为马克思主义学派，因为它们的根本研究宗旨是纯学术的，而不是同时以行动实践马克思主义的历史使命和历史任务。马克思主义之所以是马克思主义，就在于它所肩负的历史使命并努力实践这种使命。马克思《关于费尔巴哈的提纲》第十一条，不仅是马克思哲学与以往一切哲学的分界线，也可以看成检验当代马克思主义与自称马克思主义学派区别的试金石。

我们区分马克思主义学派、马克思学学派、马克思主义学说研究者

链接阅读

《关于费尔巴哈的提纲》：马克思批判了费尔巴哈等旧唯物主义、阐述辩证唯物主义新世界观的一份提纲，共11条，1845年春写于布鲁塞尔，最早发表于1888年。它和《德意志意识形态》一起，被认为是马克思主义哲学形成的标志。

★ 马克思《关于费尔巴哈的提纲》第十一条手稿

学派绝不是搞关门主义。我们应该关注西方马克思学、西方马克思主义研究者的成果。尤其是在当代中国，熟悉西方马克思学和国外马克思主义研究情况，对于推进马克思主义理论研究和建设工程，对于马克思主义中国化是非常必要的。马克思主义从来就不是宗派主义，过去不是，现在也不是。思想理论资源的借助可以是多渠道的，反面的东西可以促进正面的思考。思想资源可以多元，但理论不能混，阵营不能乱。

什么是真正的马克思主义

究竟什么是真正的马克思主义？至今仍然争论不休。南斯拉夫哲学家弗兰尼茨基把这个问题作为马克思主义思想史必须回答的最重要问题："究竟是存在一种本来如此的马克思主义呢，还是马克思的思想也遭到了任何伟大思想相同的命运：各个时代都结合本身的问题和形势看到这一思想的不同方面，更有甚者，个别人不仅用它来说明时代的反映，而且用它来说明自身的能力。马克思主义思想史至少应当回答其中最重要的问题，并尽可能作出说明。"①

美国的赖特·米尔斯早就作出了回答，却是非常错误的回答。他认为根本不存在客观的马克思主义，存在的只是各人心目中的马克思主义。他在《马克思主义者》这部书中说："马克思在 1883 年去世时留下的著作是比较芜杂的，他没有在任何地方完整

链接阅读

赖特·米尔斯（1916—1962）：美国社会学家，长期执教于哥伦比亚大学。深受德国古典社会学理论和 G.H. 米德的实用主义社会学的影响，是美国文化批判主义的主要代表人物之一。著有《权力精英》《社会学的想象力》等。

---

① ［南斯拉夫］普雷德腊格·弗兰尼茨基：《马克思主义史》第一卷，李嘉恩、韩宗翙等译，人民出版社 1986 年版，第 17 页。

地和系统地总结过自己的思想。而且，马克思的不少著作都是同别人进行论战的文字，其中有许多今天只剩下了一点点历史意义。正如大多数复杂的思想家一样，马克思并没有得到人们的统一认识。我们根据他在不同的发展阶段写出的书籍、小册子、论文和书信对他的著述作出什么样的说明，要取决于我们自己的利益观点，因此，这些说明中的任何一种都不能代表'真正的马克思'。"人们对马克思的确没有一个统一的认识："每一个研究者都必须通过自己的努力去认识马克思。"①

还有些学者抱怨现在的马克思主义是被歪曲了的马克思主义。例如在弗洛姆看来，在一切著名的思想家中没有一个人像马克思这样完全被后代所曲解。他在《在幻想锁链的彼岸》这本小册子中，既赞扬马克思又推崇弗洛伊德，甚至把马克思放在弗洛伊德之上，但对当代马克思主义持否定态度。他说："马克思是一位具有世界历史意义的人物，就这点而言，弗洛伊德是不能与马克思相提并论的，关于这个事实，我们无须再作任何解释。然而，令人深感遗憾的是，在几乎占世界三分之一的土地上传播的是一种被歪曲了和被贬低了的'马克思主义'。"②

一些西方学者声称，他们要研究的是真正的马克思，是马克思自己的马克思主义。罗伯特·塔克尔就明确说："我们把马克思主义理解为马克思的思想。我们研究的对象是马克思本人的马克思主义。"③

各人有自己的马克思，这种多元马克思来自两个马克思，而两个马克思则来自围绕《1844年经济学哲学手稿》的争论。1932年当《1844年经济学哲学手稿》刚刚全文公布时，亨·德曼把这部著作称为"新发

---

① [美]赖特·米尔斯：《马克思主义者》，商务印书馆1965年版，第39页。
② [美]埃里希·弗洛姆：《在幻想锁链的彼岸——我所理解的马克思和弗洛伊德》，张燕译，湖南人民出版社1986年版，第10页。
③ [美]罗伯特·塔克尔：《卡尔·马克思——他的思想从哲学到神话的发展》，慕尼黑1963年版，第3页。

★《1844 年经济学哲学
手稿》笔记本 I 中的一页

★《1844 年经济学哲学
手稿》序言的第 1 页

现的马克思"，并提出了两个马克思的问题。他说：
"要么就是这个人道主义的马克思属于马克思主义，
这样就必须彻底修正考茨基的马克思主义和布哈林
的马克思主义；要么就是这个人道主义的马克思不属
于马克思主义，这样就会有一个人道主义的马克思主
义，人们可以用它来反对唯物主义的马克思主义。"①

① 《〈1844 年经济学哲学手稿〉研究（文集）》，湖南人民出版社
1983 年版，第 348—349 页。

这样，整个马克思主义发展史似乎呈现出由一到二、由二到多的图景：

一个马克思主义——两个马克思（青年马克思和老年马克思）——多元马克思（各人有自己心目中的马克思）。

其实，这只是浮现在深流表面的泡沫，而不是马克思主义发展史的实质。整个马克思主义的发展，经历了从理论到运动，从运动到制度的过程。马克思主义战胜了工人运动中的其他流派，成为处于统治地位的指导思想，并突破了西欧地区性的界线，传播全世界。而上述状况，只是总的前进过程中的局部曲折。

两个马克思神话的出现具有时代的特征。弗洛姆就强调，尼采说过上帝死了，1914年以后所发生的一切情况表明：人死了。人道主义传统崩溃了。只有甘地、爱因斯坦、斯魏泽等少数几个人继承了人道主义的传统精神。他特别批判斯大林，说在俄国，"斯大林创立了一个恐怖的制度，其野蛮残酷性比纳粹分子有过之而无不及"①。

---

① ［美］埃里希·弗洛姆：《在幻想锁链的彼岸——我所理解的马克思和弗洛伊德》，张燕译，湖南人民出版社1986年版，第172页。

链接阅读

弗洛姆（1900—1980）：美籍德裔心理分析学家、哲学家和社会学家，法兰克福学派及新弗洛伊德主义的代表人物之一。弗洛姆致力于用马克思学说弥补弗洛伊德学说的缺陷，试图将马克思主义人本主义化，但又歪曲了马克思主义关于资本主义社会矛盾、社会对立、革命性质等方面的观点，反对科学社会主义的基本理论。著有《爱的艺术》《逃避自由》《马克思关于人的概念》等。

胡克同弗洛姆持有同样的看法，而且更加直接明确地把批评矛头针对社会主义国家。他说："假如他（马克思）今天还活着的话，看到他的社会理想在一些自命为'人民民主'和'共产主义'社会的一些国家里成为荒唐可怕的漫画，他无疑把自己称为另一种人。他要这样做不仅为了抗议语义上的凌辱，也是要在他自己的社会主义社会理想与目前的共产主义的实际之间划一道极其明显的界线。"①

谁也不会否认，在社会主义国家建立以后的某个时期，由于阶级斗争环境的特殊和法制尚不健全，特别是主观估计的错误，有可能发生不适当的过火的行为。但这是局部的、暂时的，经发现能够很快得到纠正。正如一个人的错误会使他更老练一样，社会主义国家的痛苦经历并不根本改变它的制度本质，而是使它更完善更成熟。社会主义制度代表绝大多数劳动人民的根本利益，它所蕴含的社会主义人道主义精神是任何资产阶级人道主义所无法比拟的。

两个马克思神话的出现是一石二鸟：既针对社会主义国家的现实又针对马克思主义理论，企图用青年马克思主义、真正的马克思，或者说人道主义的马克思来溶解和钝化马克思主义，并丑化和诋毁社会主义制度。

以《1844年经济学哲学手稿》为据创造两个马克思，在理论上是说不通的。《1844年经济学哲学手稿》写于1844年，它具有马克思主义形成时期的特点。《1844年经济学哲学手稿》处在马克思思想发展的交叉点上：它既是从《莱茵报》时期开始的两个转变的基本完成，又是马克思进一步创立包括哲学、政治经济学和科学社会主义学说在内的科学体系的开端。比起《莱茵报》《德法年鉴》上的文章，它向前推进了一步，

---

① ［美］胡克：《从黑格尔到马克思》，英文版，第2页。

它以经济学为中介，开始对资本主义社会进行实证的、经验的分析，并进一步推进了某些历史唯物主义原理；可是比起《关于费尔巴哈的提纲》《德意志意识形态》以及其后的著作来又不完全成熟。在《1844年经济学哲学手稿》中主题与论证、哲学论证和经济学论证还未形成有机统一整体。所谓人道主义的马克思，是片面地夸大费尔巴哈人本主义残余而制造的虚假形象。

两个马克思是神话，多元马克思更是谎言，应该把什么是马克思主义同我们认为的什么是马克思主义区分开来。在当代，有着各种旗号的马克思主义，人们对马克思主义的解释五花八门、名目繁多。但马克思主义作为一种科学并不取决于人们的解释，而是取决于它自身固有的内容。柯尔施在1950年写的《关于今天马克思主义的十个论点》中说："要把马克思主义学说作为一个整体重新建立起来并且恢复它原来作为工人阶级社会革命理论的作用的一切企图，今天已证明是反动的乌托邦。"① 这种说法，完全否定了科学的马克思主义存在的必要性和可能性。

相比之下，海尔布隆纳的看法要正确些。他承认存在着各种旗号的马克思主义，它们对马克思主义作出了互相抵触的种种解释。有的把马克思的著

链接阅读

海尔布隆纳（1919—2005）：美国著名经济学家，新制度学派和西方马克思主义的代表人物之一，担任美国新社会研究院经济学"诺尔曼·托马斯讲座"教授20余年，曾当选美国经济协会副主席。著有《马克思主义：赞成与反对》《资本主义的本质与逻辑》等。

---

① ［德］柯尔施：《关于今天马克思主义的十个论点》，法国巴黎《论据》杂志1959年第16期，第26—27页。

作原封不动地加以捍卫，有的要把马克思的著作几乎全部加以改变；有的认为资本主义的情况基本上如马克思所云，有的认为《资本论》已过时；有的想突破禁区，涉足宗教和精神分析领域，有的认为这些只不过是资产阶级的邪门歪道；有的骄傲地自诩为正统派，另外还有人认为马克思主义已蜕化为意识形态。确实是歧见杂陈，众说纷纭。但是海尔布隆纳并没有因此否认存在一种客观的、本来意义的马克思主义，或者说是真正的马克思的马克思主义。他说："我确信马克思主义思想，或者说得更精确些，马克思的著述的所激发思想（我们合称之为'马克思主义'），是有一个可以得到公认的共同点。"①海尔布隆纳把这些共同点归结为四点：对待认识本身的辩证态度、唯物史观、依据马克思的社会分析而得出的关于资本主义的总的看法、对社会主义的信奉。这些标准本身是可以争辩的，但海尔布隆纳强调作为马克思主义的马克思主义应该有一个共同标准的看法是正确的。

究竟什么是马克思主义？还是列宁说得对："马克思主义是马克思的观点和学说的体系。"②这个定义内涵非常深刻。它强调马克思主义是马克思（当然也包括恩格斯）的观点和学说，尽管人们可以对马克思主义进行各种解释，可以把自己的理论、看法、理解附会在马克思身上，但并不因此就能够制造出各种马克思。马克思只有一个，这就是作为马克思主义创始人的马克思。离开了马克思主义的马克思，是虚构的马克思，离开了马克思的观点和学说的马克思主义，是打引号的马克思主义。列宁的定义还强调马克思主义不是马克思的全部言论和著作的总和，而是他的观点和学说的体系。马克思主义表现在他的著作之中，但

---

① ［美］罗伯特·L.海尔布隆纳：《马克思主义：赞成与反对》，马林梅译，东方出版社2016年版，第4—6页。

②《列宁专题文集·论马克思主义》，人民出版社2009年版，第7页。

任何一本著作都不能等同于马克思主义。马克思主义是贯穿马克思和恩格斯全部著作中的根本观点和学说。特别重要的是，列宁还强调马克思主义是体系。在马克思主义的科学体系中，它的世界观、方法论原则同它的基本经济理论之间，以及它们同关于无产阶级革命的条件和目的全部结论之间，在理论上和逻辑上是严密的、完整的、一贯的。它们相互渗透，相互促进，构成统一的完整的马克思主义科学体系。从历史角度说，把马克思从其发展的某一阶段孤立出来，从逻辑角度说，把马克思主义某一学说甚至某一句话同整体割裂开来，都是对马克思主义的曲解。所谓两个马克思、多元马克思是哈哈镜中的马克思，是真正马克思主义的讽刺画。

占据真理和道义制高点的马克思主义

在纪念马克思诞辰 200 周年大会上，习近平总书记发表了高屋建瓴、视野宏大、思想深刻、内容丰富的重要讲话，阐明了一个非常重要的道理：马克思诞生已经 200 年，马克思主义创立已经 170 多年，马克思的名字依然在世界各地受到人们的尊敬，马克思的思想依然闪烁着耀眼的真理光芒，为什么？因为它占据着真理和道义的制高点："无论时代如何变迁、科学如何进步，马克思主义依然显示出科学思想的伟力，依然占据着真理和道义的制高点。"① 真理和道义结合并同处于当代制高点的论断，既是对马克思伟大光辉一生和伟大人格的精练概括，也是对马克思主义的科学性、人民性、实践性和开放性的本质特征及其当代价值的最好诠释。

① 习近平：《在哲学社会科学工作座谈会上的讲话》，人民出版社 2016 年版，第 10 页。

真理制高点：科学与实践智慧的凝结

马克思主义创立已经170年，按照有些人的说法，170年前的思想早已过时了。这种看法根本不懂思想发展的规律，不懂真理的本性。黑格尔说过："伟大的灵魂——哲学史上的英雄们的身体，他们在时间里的生活，诚然是一去不复返了，但他们的著作（思想、原则）却并不随着他们而俱逝。"①思想家的个体生命是有限的，但是他们的思想可以通过对象化的经典著作，为后人吸收、借鉴和继承。

真正的智慧不会因时间久远而失去智慧之光，经过实践检验的真理并不会因为古老而丧失真理的力量。时间的长短不是真理的尺度，而是真理和谬误的过滤器。没有长期存在的谎言，它总会被揭穿；但可以有古老的智慧和真理。中国的孔、孟、老、庄、荀、墨、韩非，以及程朱陆王，少则数百年，多则千年或两千年以上，但他们思想中的精华仍然是中华民族优秀传统文化的重要组成部分，至今仍然在为我们修齐治平、育德树人提供智慧。西方的文化也是如此。人们至今仍然从苏格拉底、柏拉图、亚里士多德、康德、黑格尔等的著作中汲取思想智慧。

在当今世界，马克思主义依然处于真理的制高

链接阅读
程朱陆王：分别是指二程（程颢、程颐）、朱熹、陆九渊、王阳明。程朱理学与陆王心学都属于宋明理学。

---

① ［德］黑格尔：《哲学史讲演录》第一卷，生活·读书·新知三联书店1956年版，第42页。

点，因为它科学地回答了资本主义向何处去、人类社会向何处去这个历史之问、世纪之问、当代之问。

历史之问。在马克思主义产生之前，各种社会主义学说已经存在300多年。它们反对剥削，追求公平正义的社会，积累了许多丰富的社会主义思想。但是它们没有从人类历史发展规律的高度，用历史唯物主义观点分析资本主义私有制和剥削制度存在的社会原因，更没有从社会自身发现承担社会主义理想的现实力量和实现途径。它们的历史观主要是抽象人性论和抽象人道主义，同情穷人，同情被剥削者，它们控诉不公平的社会，但寄希望于上层统治者和富人的善心。有的空想社会主义者还建立共产主义实验区，试图用示范的方式来推行自己的理想。马克思主义产生之前的社会主义思潮对社会主义思想的积累有贡献，尤其是空想社会主义，达到了社会主义思想的空前高度，但它们的积极作用与历史成反比。马克思在《共产主义和奥格斯堡〈总汇报〉》中说：“《莱茵报》甚至不承认现有形式的共产主义思想具有理论上的现实性，因此，更不会期望在实际上去实现它，甚至根本不认为这种实现是可能的事情。”[①]他还说，“我们坚信，构成真正危险的并不是共产主

链接阅读

《**共产主义和奥格斯堡〈总汇报〉**》：马克思任《莱茵报》主笔后写的第一篇论战性文章，发表在1842年10月16日的《莱茵报》上。马克思在文中第一次公开表明了自己对共产主义的态度，第一次使用了“共产主义”的概念，并将其作为一种理论或一种运动。

①《马克思恩格斯全集》第一卷，人民出版社1995年版，第295页。

义思想的实际试验，而是它的理论阐述"①。马克思和恩格斯的伟大贡献正在于对共产主义的科学论证，从而回答了历经数百年的历史之问。

世纪之问。成熟的理论与成熟的社会关系不可分。19 世纪上半叶，资本主义在英国和法国以及稍后的德国的莱茵地区都得到发展，资产阶级和无产阶级的矛盾开始激化，出现了欧洲三大工人运动：法国里昂工人发动两次武装起义，英国发生工人的宪章运动，德国发生西里西亚纺织工人起义。19 世纪上半叶提出的现实问题，是如何使处于自发阶段的工人运动，变为由科学理论指导的自觉运动。正是 19 世纪上半叶资本主义的发展和资产阶级与无产阶级矛盾开始激化，凸显了对科学理论的迫切需求。马克思主义是对世纪之问的回答。1845 年 1 月 20 日，恩格斯在致马克思的信中明确提出创立新理论的问题。他对马克思说："目前首先需要我们做的，就是写出几部较大的著作，以便向许许多多非常愿意干但只靠自己又干不好的一知半解的人提供必要的依据。你还是先把你的国民经济学著作写完，即使你自己觉得还有许多不满意的地方，那也没有什么关系，人们现在情绪高涨，我们必须趁热打铁。"② 正是世纪之问推

---

① 《马克思恩格斯全集》第一卷，人民出版社 1995 年版，第 295 页。

② 《马克思恩格斯文集》第十卷，人民出版社 2009 年版，第 28—29 页。

动了马克思和恩格斯的科学探索，他们终其一生撰写了大量的马克思主义哲学、政治经济学和科学社会主义著作，尤其是马克思40年殚精竭虑数易其稿从事《资本论》写作。马克思和恩格斯以事实为依据，以规律为对象，以实践为真理标准创立了具有科学性、系统性的理论，即马克思主义。社会主义由空想变为科学，人类对美好社会的向往第一次置于现实的基础上。

★ 马克思致法文版《资本论》出版人的信　海峰／供图

　　当代之问。在当代世界，资本主义社会制度仍然是占主导地位的社会制度。20世纪下半叶，苏联解体、东欧剧变，社会主义在前进中遭到前所未有的挫折，马克思主义的威信也因而受到损害。资本主义社会向何处去，人类历史发展是不是终结于西方资本主义制度，十月革命开辟的航道是否永远冰封，马克思主义是否过时成为当代之问。西方一些政治家弹冠相庆，资本主义理论辩护士们卖力推销"普世价值"论和资本主义道路是世界唯一的文明大道论，大力宣扬十月革命创立的社会主义制度20世纪20年代没有被扼杀于摇篮中，而死于社会主义历史发展的半途。世界社会主义运动转入低潮，马克思主义过时论甚嚣尘上。

　　马克思主义创立时是回答世纪之问。它源于那个时代又超越那个时代。真理的本性是超越时间限制的。资本主义社会是变化着的社会，社会矛盾的表现形态在变、经济全球化水平和世界交往的深度在变、科学技术发展创新水平在变、工人阶级的生活处境和工作条件、蓝领工人与白领工人的比例在变，但资本主义的本性并没有变，就其社会基本矛盾的根本性质来说，与马克思曾经揭示的矛盾本质是一样的：资本主义制度是雇佣劳动制度，是贫富两极对立的制度。资本主义宣扬的抽象的自由、平等、人权并不能掩盖资本主义社会的不公平和非正义，不能掩盖发达资本主义国家的金融资本和财团对社会、对劳动者的统治，甚至对世界的支配和霸权。只要仍然是资本主义社会，只要世界仍然是资本主义占主导统治地位的世界，只要雇佣劳动制度和剩余价值仍然是资本主义剥削方式，只要贫富对立仍然是资本主义社会财富分配的现实，马克思主义的重大价值只会越发彰显。

资本主义始终无法摆脱危机和冲突。无论从当代国际金融危机、从美国"占领华尔街运动"开始蔓延到美国各大城市，并引起西方发达资本主义国家不少大城市举行反对金融财团、反对贫富对立的抗议，都说明资本主义自我调节的能力是有限的。1% 的人占有 99% 财富的社会，是不可能持续存在和发展的。资本主义社会并不像人们设想的那样充满活力和无限生机。沉迷于资本主义的自我调节和修复能力而宣扬马克思主义过时论，毫无根据。西方有的评论家把马克思主义称为"当代资本主义的解码器"，这个评论是对的。

链接阅读

占领华尔街运动：发生在美国的一场和平示威活动。2011 年 9 月 17 日，上千名示威者通过互联网组织起来，聚集在美国纽约曼哈顿，声称要占领美国金融中心华尔街。活动的组织者称，他们的意图是要反对美国政治的权钱交易、两党政争以及社会不公正。在较短的时间内，抗议的浪潮蔓延到美国全国。

马克思主义之所以能占据真理的制高点，是因为它是发展着的真理。马克思当年就明确宣布，"所以我不主张我们树起任何教条主义的旗帜"①，"我们不是教条地以新原理面向世界：真理在这里，下跪吧"②。马克思主义主要是由马克思创立的，但马克思是奠基者，并非马克思主义科学体系的最终完成者和科学真理的结束者。马克思主义的发展永远不会终结，它在后继者与各国具体实际相结合中不断得到发展。

马克思主义中国化，就是马克思主义在中国创造性发展的范例。毛泽东思想、邓小平理论、"三个代表"重要思想、科学发展观、习近平新时代中国特色社会主义思想，都是对马克思主义的继承和发展。有些理论家鼓吹中国改革的胜利，是西方新自由主义的胜利、是资本主义私有制的胜利。这是对马克思主义本质的曲解。当代中国马克思主义是发展了的马克思主义。发展了的马克思主义本质仍然是马克思主义。它与历史上的马克思列宁主义既一脉相承，又与时俱进。一脉相承的是，当代中国马克思主义坚持马克思主义基本原理，否则它就不属于马克思主义；与时俱进的是，当代中国马克思主义具有时代特色、民族特色、中国特色，是时代特征和民族特征的理论凝结，是马克思主义的创造性发展。当代中国的马克思主义，21 世纪的马克思主义，是马克思主义中国化的伟大成果，就是马克思主义。

马克思主义与时俱进的本性，它的创造性、实践性和开放性是马克思主义永远占据真理制高点的内在机制。这种机制保证它不会因为缔造者的离世后继无人而变为思想史上的过客，马克思主义的继承者、信仰者和实践者遍及全世界；也不会由于故步自封、思想僵化而被历史淘汰，被淘汰的只能是一些号称马克思主义实为教条主义或修正主义的

①《马克思恩格斯文集》第十卷，人民出版社 2009 年版，第 7 页。
② 同上书，第 9 页。

"跳蚤",而不是科学马克思主义学说。马克思主义的内生机制保证它不会成为思想史上的绝唱,而是越来越显示它的真理性。

道义制高点:全世界无产阶级和人类利益的理论代表

马克思主义占据道义的制高点,因为马克思主义没有特殊利益,不谋私利,不是某个集团或阶级利益的代表,而是为无产阶级和人类解放而斗争的学说,代表人类绝大多数人的利益和历史进步方向。思想史证明,凡是只代表统治者狭隘私利的学说总是不会长久的,因为特定阶级的统治不会长久;凡是反映人民利益的学说和智慧能够流传,因为人民是永存的。任何社会可以没有特定统治者,但不可能没有人民。马克思主义占据道义制高点,就是因为它代表全世界被压迫者和被剥削者的根本利益,比任何时代的进步学说都具有最广大的人民性。

马克思主义缔造者马克思的光辉一生,他的全部生活和理论研究就是占据道义制高点的典范。马克思首先是一位革命家,他毕生的真正使命是以各种方式参与推翻资本主义社会。马克思以一位无产阶级革命家的深情和以世界为己任的宽广胸怀,关心工人阶级的生活和斗争,关心妇女的社会地位和解放,他说没有妇女的酵素就不可能有伟大的社会变革,社会进步可以用女性的社会地位来精确地衡量;他关心被压迫民族和弱小民族的命运和革命斗争,他支持中国的太平天国运动,支持中国反对英法帝国主义以贸易为借口的侵略战争,谴责帝国主义对中国的无耻掠夺,对中国人民充满同情并对中华民族的觉醒和兴起寄予期待。

马克思的全部科学研究活动,不是为了成为一个学者,而是为无产阶级和人类解放研究锻造理论武器。无论是被反动政府驱逐被迫流亡,无论是遭遇子女夭亡之痛,无论是贫困和疾病的困扰,都不能动摇马克思理论研究的决心。为了揭示资本的秘密和资本主义社会发展的规律而从事《资本论》写作的马克思，由于肝病而"一直在坟墓的边缘徘徊"，但没有因此而停止研究。他在给朋友的信中说，"我不得不利用我还能工作的每时每刻来完成我的著作，为了它，我已经牺牲了我的健康、幸福和家庭"①。马克思嘲笑那些所谓"实际的"人和他们的聪明："如果一个人愿意变成一头牛，那他当然可以不管人类的痛苦，而只顾自己身上的皮。但是，如果我没有全部完成我的这部书（至少是写成草稿）就死去的话，那我的确会认为自己是不实际的。"②马克思的确像是为人间盗火而宁愿遭受宙斯惩罚的普罗米修斯，他认识到自己对无产阶级和人类所负的责任而牺牲自己的一切。这种力量是真理的力量，同时也是一种道义力量和道义的高度自觉。

在中国，中国共产党同样站在道义的制高点上。中国共产党把民族的复兴和人民的解放作为自己的革命目标，为了人民的利益，无数中国共产党人流血牺牲、英勇就义，是革命道德的楷模。毛泽东把"为人民服务"定为中国共产党人的宗旨。他在《为人民服务》中说："我们的共产党和共产党所领导的八路军、新四军，是革命的队伍。我们这个队伍完全是为着解放人民的，是彻底地为人民的利益工作的。"在党的十九大报告中，习近平总书记对"以人

链接阅读

普罗米修斯：古希腊神话中泰坦一族的神明之一。他曾与智慧女神雅典娜共同创造了人类，普罗米修斯负责用泥土雕塑出人的形状，雅典娜则为泥人灌注灵魂，并教会了人类很多知识。普罗米修斯反抗众神之王宙斯，将火种带到人间，触怒了宙斯，宙斯将他锁在高加索山上，让一只鹰每天去啄食他的肝脏，然后又长好，如此周而复始。

---

①《马克思恩格斯文集》第十卷，人民出版社2009年版，第253页。

② 同上。

民为中心"作了深刻论述，强调："必须坚持人民主体地位，坚持立党为公、执政为民，践行全心全意为人民服务的根本宗旨，把党的群众路线贯彻到治国理政全部活动之中，把人民对美好生活的向往作为奋斗目标，依靠人民创造历史伟业。"习近平总书记强调全面从严治党，把党内的腐败分子驱逐出去，就是保证中国共产党队伍的纯洁性，保证中国共产党是全心全意为人民服务的党，从而始终站在道义的制高点上。

★ 坚持以人民为中心的发展思想是坚守马克思主义人民立场的思想，中国共产党将其作为宗旨和使命。中国共产党第十九次全国代表大会将以人民为中心的发展思想作为坚持和发展中国特色社会主义基本方略。图为中国共产党第十九次全国代表大会会场

共产主义：真理和道义结合的最高追求

共产主义对共产党人来说，既是历史发展的规律，又是理想和信仰。中国共产党人坚持共产主义理想和信仰是站在真理和道义的制高点上，因为它是建立在人类社会发展规律基础上，又最符合全体

中国人民的根本利益。习近平总书记明确指出，"学习马克思，就要学习和实践马克思主义关于人类社会发展规律的思想。马克思科学揭示了人类社会最终走向共产主义的必然趋势。马克思、恩格斯坚信，未来社会'将是这样一个联合体，在那里，每个人的自由发展是一切人的自由发展的条件'"①。

有些人对共产主义理想抱怀疑态度，有些共产党员信仰发生动摇，因为他们不是从人类发展历史规律角度考察共产主义、从无产阶级和人类解放角度考察共产主义，而是把共产主义理解为我要什么就有什么的社会，是满足个人无限需要的社会，是天上掉馅饼的社会。这种"共产主义"当然渺茫，当然是"乌托邦"。共产主义是改变现存社会的活动和逐步建立的一种社会形态，而不是源源不断供给无限需要的现成魔盒。列宁在《国家与革命》中曾经批判过这种"乌托邦"理论。他说："从资产阶级的观点看来，很容易把这样的社会制度说成是'纯粹乌托邦'，并冷嘲热讽地说社会主义者许诺每个人都有权利向社会领取任何数量的巧克力糖、汽车、钢琴等等。"列宁明确指出，"没有一个社会主义者想到过要'许诺'共产主义高级发展阶段的到来，而伟大的社会主义者在预见这个阶段将会到来时所设想的前提，既不是现在的劳动生产率，也不是现在的庸人，这种庸人正如波米亚洛夫斯基作品中的神学校学生一样，很会'无缘无故地'糟蹋社会财富的储存和提出不能实现的要求"②。

作为人类社会发展形态的共产主义社会，不是无限满足消费的高消费社会，也不是人人可以不劳动就能恣意享受一切的懒人社会。共产主义社会是废除资本主义私有制即雇佣劳动制度，消灭阶级和两极对立、

---

① 习近平：《在纪念马克思诞辰 200 周年大会上的讲话》，《人民日报》2018 年 5 月 5 日。
②《列宁全集》第三十一卷，人民出版社 1985 年版，第 93 页。

消灭剥削的社会。当然，废除资本主义私有制度不是废除个人对消费资料的占有。我们的住宅、我们的衣服、我们的大衣、我们种种日用品无论多么高级，它并不是用来剥削他人的资本，而是生活用品。共产主义废除的是资本主义私有制，即废除以生产资料作为资本的雇佣劳动制度。共产主义社会是人自由全面发展的社会，因为消灭了阶级和阶级对立，因而也废除了把人终身束缚在旧的分工中，尤其是被束缚在自己并不乐意但仅为谋生而不得不从事的职业中。在共产主义社会，劳动时间可以大大缩短，自由时间大大延长。每个人都可以在最容易发挥自己的爱好、天赋和才能的领域中工作，而不必担心失业，人的潜能可以得到最有效的发挥。共产主义社会理想的实现，需要生产力的高度发展，需要物质财富和精神财富极大丰富，需要人的道德水平的极大提高。不从人类社会发展规律高度来理解共产主义，不从生产力和生产关系规律的角度来理解共产主义，就会把共产主义歪曲为无限满足个人需要，道德水平低下的庸人社会。

共产主义社会不仅是一种社会形态，而且是一种具有连续性的运动过程，是一个共产主义因素不断增长的过程。习近平总书记指出："人民对美好生活的向往就是我们的奋斗目标。我们要坚持以人民为中心的发展思想，抓住人民最关心最直接最现实的利益问题，不断保障和改善民生，促进社会公平正义，在更高水平上实现幼有所育、学有所教、劳有所得、病有所医、老有所养、住有所居、弱有所扶，让发展成果更多更公平惠及全体人民，不断促进人的全面发展，朝着实现全体人民共同富裕不断迈进。"[1]实际上，这就是共产主义因素的积累，从总体目标说是在逐步朝着共产主义目标方向前进，马克思和恩格斯设想的人类美好前

---

[1] 习近平：《在纪念马克思诞辰200周年大会上的讲话》，《人民日报》2018年5月5日。

景正不断地在中国大地上生动展现。当然，中国现在仍然处在社会主义初级阶段，她不能不实行符合社会主义初级阶段的政策，从而具有初级阶段的社会特征。这是过程，而不是终点。不能把共产主义理想、目标和现行政策对立起来。一个坚定的马克思主义理论工作者，不能因为自己的生命短暂看不到共产主义社会的实现而发生理想和信仰动摇。我们每个人的生命是有限的，而达到发达社会主义和共产主义社会所需要的历史长度远比个人的生命长。如果我们的眼界受制于个体生命的长度，而非立足于马克思主义关于人类社会发展规律的理论的厚度和深度，往往是短见的、近视的。我们要把共产主义远大理想同中国特色社会主义共同理想统一起来、同我们正在做的事情统一起来，坚守共产主义理想信念，像马克思那样为共产主义奋斗终身。

马克思主义是科学学说还是信仰

　　有人问我：马克思主义是科学学说还是信仰？马克思主义当然是科学学说，但对以马克思主义为指导的共产党来说，对马克思主义者和一切反对资本主义制度的革命者来说，马克思主义学说可以成为一种信仰。这里所说的信仰，就是行为原则、理想追求、价值目标。

　　马克思主义是科学学说，它是以事实为依据，以规律为对象，以实践为检验标准的学说。事实、规律、实践，是任何一门科学的本质要素。不以事实为依据、不研究规律、不以实践为检验标准的所谓"学说"，不能称为科学。马克思主义是科学学说，马克思和恩格斯创立马克思主义依据的就是事实。马克思主义政治经济学依据的是资本主义社会的经济事实，马克思主义哲学是对自然科学和社会科学的总结，尤其是 19 世纪上半叶自然科学和社会科学研究提供的科学成果；至于科学社会主义不同于空想社会主义的

链接阅读

空想社会主义：又称"乌托邦社会主义"，是科学社会主义诞生之前出现的一种不现实的改造人类社会的思想体系。主要代表人物有英国的莫尔和欧文、意大利的康帕内拉、法国的圣西门和傅立叶等。空想社会主义是马克思主义的三个来源之一。

地方，正在于它是立足于资本主义社会现实的。马克思主义基本原理，包括哲学原理、政治经济学原理、科学社会主义原理，都是以事实为依据，以规律为对象，经过实践检验和仍然经得起实践检验的具有规律性的认识。当然，它不可能详尽无遗地包括马克思和恩格斯的全部思想。我们还在不断地根据新的时代，新的事实进行研究。基本原理可以丰富、运用和发展，但不能推翻。当代中国马克思主义在哲学、政治经济学和社会主义学说的发展，其事实依据就是我国国情和我国发展的实践，成果就是对中国特色社会主义规律的新的概括和新总结，而标准仍然是实践。事实依据、规律概括、实践标准，是马克思主义作为科学学说始终如一的要素。

★ 马克思主义的科学性和真理性在中国得到充分检验，马克思主义的人民性和实践性在中国得到充分贯彻，马克思主义的开放性和时代性在中国得到充分彰显。图为上海中共一大纪念馆内"主义的抉择"展板　中新图片／周升辉

　　马克思主义学说是科学，绝不是说马克思主义揭示的规律可以没有人的参与而自动起作用。相反它必须有这种学说的信仰者为之奋斗，为之实践，马克思主义学说的理想才有可能实现。正如普列汉诺夫说的，月食是客观规律，没有人为阻止月食或促进月食而组织月食党，但为实现无产阶级革命必须组织革命党。由学说进到行动，由理论进到实践，必然进入对马克思主义科学学说的信仰维度。一个

不为马克思主义理想而奋斗，不为社会主义和共产主义理想而奋斗的共产党，只是徒有其名的"共产党"；一个不为马克思主义理想而奋斗的人，最多可成为马克思主义的研究者，而不是信仰者；可成为学者，而不是马克思主义者。

马克思主义作为科学和作为信仰有区别吗？当然有。科学是共有的、普遍的，而信仰是个人的。马克思主义作为共产党的信仰，其中就包括每个共产党员个人的共同信仰。马克思主义所揭示的规律，对所有的人都适用。资产者们可以不喜欢劳动价值论，不喜欢剩余价值学说，不喜欢阶级和阶级斗争学说，不喜欢社会主义最终会取代资本主义社会的学说，总之，他们可以不喜欢马克思主义学说，反对或禁止马克思主义的传播，可是马克思主义揭示的规律照样存在。中世纪不会因为神学家们的反对，地球就不再围绕太阳旋转。马克思主义揭示的基本规律也不以人们的意志为转移，个人好恶取舍无碍于它的存在。"不为尧存，不为桀亡"，用在此处，十分贴切。

信仰则不同。马克思主义只有对共产党人，对马克思主义者，对一切拥护马克思主义的人来说，它才是信仰。对于一切反对马克思主义的政党或学者，它就不具有信仰的性质，而是反对的对象，被视为歪理邪说。任何信仰都是信仰者的信仰，而不能成为不信仰者的信仰。作为一种信仰，可以有马克思主义的信仰者，也会有马克思主义的反对者。即使在马克思主义队伍内部，信仰的坚定性也不会完全一样。

★ 最早将马克思主义科学理论介绍到中国的是李大钊。图为《新青年》刊载的李大钊《我的马克思主义观》 海峰／供图

　　对坚定的马克思主义者来说，科学和信仰是统一的。一个马克思主义者的信仰是否坚定，取决于它对马克思主义科学性的态度。越是深入地理解马克思主义的科学性，个人信仰越是坚定。马克思主义的科学性是信仰坚定性的理论基础；而信仰坚定性是马克思主义学说科学性的内化，化为内心的坚定的信念和情感："砍头不要紧，只要主义真。杀了夏明翰，还有后来人。"科学理论动摇，信仰就会随之倒塌。这就是恩格斯要求追随者们要把社会主义作为科学来研究的原因。

马克思主义的科学体系

关于马克思主义科学体系的构成问题，列宁在《马克思主义的三个来源和三个组成部分》的著名论文中，明确地把马克思主义哲学、政治经济学和科学社会主义学说列为马克思主义的"三个组成部分"，并与其来源相结合，对各自的内容作了扼要的论述。列宁论述的突出之处是，联系到无产阶级的历史使命，把其中任何一个组成部分作为总体的构成部分来论述。

有的学者或研究者总是问：马克思主义为什么是三个组成部分，而不是四个或五个组成部分？为什么文艺学、伦理学、美学、思维学不能是组成部分？为什么不能按其他标准，例如按规律起作用的范围，把马克思主义的组成部分划分为关于一般规律的部分、关于特殊规律的部分？等等。我们应该明确，当我们说马克思主义包括三个组成部分时，我们的立足点是马克思主义发展史的既成事实，而不是它的抽象可能性，它应该包括什么，可能包括什么。马克思主义可以被用于指导各门科学，人们完全可找到几条理由把它们重新包括在马克思主义科学体系结构中，可这只是学者的个人看法，而不是历史事实。马克思主义科学体系的结构，是由无产阶级的伟大历史使命和马克思主义理论自身的内在逻辑决定的。离开了这个基点，只能陷于烦琐的争论。

无产阶级要由自在的阶级变为自为的阶级，必须建立起与自身阶级地位和使命相适应的科学理论形态。尽管在马克思主义诞生以前，英国、法国、德国在理论领域都取得了重大成就，但其中没有任何一种理论符合无产阶级的利益和愿望，符合无产阶级完成自己伟大历史使命的需要。英国古典政治经济学是经济学说中的重大成就，但企图从劳动价值论中引申出有利于工人阶级的结论，只能是空想社会主义，如英国空想社会主义者布雷所表明的：批判的空想的社会主义和共产主义的信徒们则蜕变为反动的宗派，蜕变为兜售包治百病的社会庸医，它表明，19 世纪三大空想社会主义的作用同历史的发展成反比；至于直接从费尔巴哈的哲学中孕育出来的，只能是像赫斯那样的"真正社会主义者"。无产阶级需要新的理论，这种理论不仅要克服英国、法国、德国的民族片面性（政治经济学、社会主义学说、哲学的分离），而且要获得科学的形态。可是要使社会主义学说由空想变为科学，这是一个涉及多

链接阅读

英国古典政治经济学： 英国 17 世纪中叶到 19 世纪初的古典政治经济学，它是英国资本主义上升时期，代表新兴产业资产阶级利益的理论体系。它反对封建制度和重商主义，主张经济自由，以生产领域为研究对象，试图阐明资本与经济的内在联系。它摆脱了晚期重商主义的影响，力图寻求经济现象背后所隐藏的实质，把理论研究从流通领域转向生产领域，探讨资本主义制度下财富生产和分配的规律。主要代表人物有威廉·配第、亚当·斯密和大卫·李嘉图等。英国古典政治经济学是马克思主义的三个来源之一。

门学科的综合性任务，仅仅限于社会主义学说自身是办不到的。只有以辩证唯物主义和历史唯物主义为指导，以对资本主义生产方式内在矛盾分析为依据，才有可能科学地阐明无产阶级在资本主义社会中的地位、使命和获得彻底解放的途径。因此，适应无产阶级斗争需要产生的理论形态——马克思主义，必然是包括哲学、政治经济学、科学社会主义理论在内的统一整体。

★ 英国古典政治经济学代表人物亚当·斯密手稿　杨兴斌 / 供图

马克思主义科学体系结构还决定于它自身的内在逻辑。恩格斯在《反杜林论》的"概论"中，通过总结人类思想史，深刻地揭示了马克思主义科学体系结构的内在逻辑。他叙述了马克思在哲学和政治经济学领域中的划时代功绩之后说，"这两个伟大的发现——唯物主义历史观和通过剩余价值揭开资本主义生产的秘密，都应当归功于马克思。由于这些发现，社会主义已经变成了科学"[1]。

马克思主义科学理论自身需要哲学，特别是需要一种不仅能说明世界，而且能改造世界的新型哲学。马克思是非常重视哲学的。他在《〈黑格尔法哲学批判〉导言》中，把哲学看成无产阶级解放的"头脑""精神武器"，是宣布人类解放的"高卢雄鸡"。

政治经济学是马克思主义的理论基础，马克思主义

---

[1]《马克思恩格斯文集》第九卷，人民出版社 2009 年版，第 30 页。

是科学体系，而不是思辨体系。马克思主义学说的理论内容来自经济分析，而不是来自哲学的演绎或推导。马克思主义之所以科学，正在于它以事实为依据，如实地揭示了资本主义社会的内在矛盾、运行机制和规律。完全可以说，没有对资本主义社会的经济分析，就没有马克思主义。

在马克思主义科学体系中，处于核心地位的是科学社会主义理论。从广义上说，马克思主义就是科学社会主义，因为无产阶级的彻底解放和历史使命，集中地表现了马克思主义的目的、任务和使命。马克思主义哲学和政治经济学，归根结底都服务于这个根本目的。

由此可见，在马克思主义科学体系中，哲学是世界观和方法论的指导原则，政治经济学是哲学通向实际生活（对资本主义社会的剖析）的中介，而关于无产阶级解放运动的性质、条件和使命的科学社会主义理论则是运用哲学分析了资本主义社会中的经济关系后引出的关于社会发展的科学结论。这三者之间，即它的世界观和方法论原则、对资本主义经济的理论分析以及由此得出的结论之间，在理论上和逻辑上是严密的、完整的、一贯的。它们相互渗透、相互补充，构成统一的马克思主义学说。科学社会主义理论一旦离开马克思主义哲学和马克思主义政治经济学，就同平均共产主义或空想社会主义没有什么两样；反之，离开了马克思主义哲学指导，离开了社会主义革命和社会主义建设，所谓马克思主义政治经济学必然会跌入资产阶级政治经济学的怀抱。同样，如果无视无产阶级肩负的伟大历史使命，无视社会经济现象，特别是对新出现的经济现象的分析，马克思主义哲学就会重新回到烦琐的、脱离生活的经院哲学。把马克思主义中的任何一个组成部分同整体割裂开来，都会使它丧失自己原有的性质，并导致对整个马克思主义科学体系的曲解。

不仅马克思主义科学体系的结构是由无产阶级实践需要决定的，而且它也是在实践过程中形成和成熟的。同黑格尔不同，马克思和恩格斯并没有预先规定自己的思想体系的结构。《精神现象学》是黑格尔体系的秘密和诞生地，在这部成书于1806 年的著作中，黑格尔大体上规划了自己整个体系的结构。马克思和恩格斯并不是像有的政客所描绘的仅是在伦敦图书馆埋头著书立说的学者，他们并不是按照事先构思的体系来进行体系的创造，而是根据实践的需要，特别是在为了回答无产阶级革命进程中的现实问题，而使自己的理论臻于完善和成熟。

马克思和恩格斯之所以从接受德国古典哲学开始自己的理论活动，也是由德国的历史背景和文化背景决定的。马克思的博士学位论文《德谟克利特的自然哲学和伊壁鸠鲁的自然哲学的差别》，恩格斯的《谢林论黑格尔》《谢林和启示》《谢林——基督哲学家》都是典型的哲学论文。马克思和恩格斯理论思维进程的起点是哲学。但同自己德国的哲学先驱者不同的是，他们并没有停留在哲学领域。正在为无产阶级解放锻造武器的马克思和恩格斯意识到，不应当从人们的头脑中，而应当在经济中寻找社会变革的终极原因，共产主义运动只能在私有财产运动中，即在经济中，为自己既找到经验的基础，也找到理论的基础，并逐步转向政治经济学的研究。

这种转变对于马克思主义科学体系的创立具有决定性的意义，而且都是由实践需要推动的。以马克思为例，马克思第一次转向政治经济学的研究，主要是在 1844 年 3 月《德法年鉴》停刊之后。马克

链接阅读

德国古典哲学： 18 世纪末至 19 世纪上半叶的德国资产阶级哲学。它提出了包括认识论、本体论、伦理学、美学、法哲学、历史哲学以及政治哲学等领域的各种重大问题和范畴，标志着近代西方哲学向现代西方哲学的过渡。主要代表人物有康德、费希特、黑格尔和费尔巴哈等。德国古典哲学是马克思主义的三个来源之一。

思在巴黎钻研美、法两国一些经济学家的著作，并做了摘录笔记，这就是著名的《巴黎笔记》，其中特别是《1844年经济学哲学手稿》尤为重要。《1844年经济学哲学手稿》试图把哲学、政治经济学、社会主义学说结合在一起，可以看作马克思主义科学体系的雏形。尽管《1844年经济学哲学手稿》并不成熟，但它通过分析私有财产的运动，试图从经济学角度来论证共产主义，迈出了社会主义由空想到科学决定性的一步。第二次比较集中地研究政治经济学，是1845年春移居布鲁塞尔后。马克思在布鲁塞尔继续他在巴黎开始的研究，大量阅读了政治经济学的著作，并与恩格斯一道到英国进行实地考察，并在曼彻斯特的切特姆图书馆对一些经济学著作进行了研究。马克思的经济学研究成果，凝结在他与恩格斯合著的《德意志意识形态》中。这部重要著作，不仅彻底清算了费尔巴哈，全面确立了唯物史观，并且以生产力和生产关系矛盾运动规律为依据考察了社会主义革命的必然性和必要性，从而把对社会主义理论的论证建立在唯物史观和经济分析的基础上，使《1844年经济学哲学手稿》初步确立的马克思主义科学体系得到进一步深化。欧洲1848年革命中断了马克思的经济学研究。革命失败后，马克思于1849年8月到达伦敦，再次开始了经济学的研究工作。自此以后，可以说马克思以毕生精力从事《资本论》的准备和写作。马克思不仅留下了大量的《资本论》草稿，而且生前出版了《资本论》第一卷。《资本论》是伟大的经济学著作，也是最重要的哲学著作，或者像列宁所说的是"大写的逻辑"。特别重要的是，《资本论》逻辑地再现了资本主义产生、发展和灭亡的历史进程，令人信服地证明了资本主义私有制被剥夺的历史必然性。《资本论》以对资本主义生产关系的经济分析为中心，把哲学、政治经济学和科学社会主义结合在一起，是对马克思主义科学体系最深刻、最全面的论证。

★ 曼彻斯特古老的切特姆图书馆，马克思和恩格斯曾在这里查阅资料和写作　海峰／供图

我们应该从整体上把握马克思主义科学体系，看到马克思主义各个组成部分之间的内在的、不可分割的联系。历史经验证明，把马克思主义各个组成部分对立起来，是肢解马克思主义的一个重要表现。

第二国际后期的理论家，极力把哲学从马克思主义中驱逐出去，否认马克思主义有自己的哲学基础，主张用康德主义、马赫主义来补充马克思主义。例如，考茨基就声称："我并不把马克思主义理解为任何哲学，而是把它理解为一种实验科学，即一种特殊的社会观。"还说，"马克思主义没有宣布任何哲学，而是宣布了所有哲学的终结"①。他还宣布，唯物史观"不仅同马赫、阿芬那留斯有联系，而且同许多其他哲学也有联系"。伯恩施坦则竭力割断马克

① 转引自［南斯拉夫］普雷德腊格·弗兰尼茨基：《马克思主义史》第一卷，李嘉恩、韩宗翊等译，人民出版社1986年版，第352页。

链接阅读
第二国际：1889年成立的各国社会主义政党和工人团体的国际组织，总部设在布鲁塞尔。1900年之前，在恩格斯的指导和关怀下，基本上执行了马克思主义路线。1900年巴黎代表大会后，分为左、中、右三派，1923年，第二国际改组为工党和社会党国际，1940年解散。

思主义的科学社会主义同它的经济学说和哲学学说的内在联系，否定社会主义社会是经济发展的必然结果，而认为它是从人性冲动中产生的伦理要求。他公开宣称，"给社会主义提供纯粹唯物主义的论证，既是不可能的，也是不必要的"①。

如果说，第二国际后期的理论家企图通过否定马克思主义哲学来否定马克思主义科学体系的话，当代西方马克思主义和西方学者则相反，企图把马克思主义仅仅归结为哲学，而且归结为被大大缩小了的人本主义和异化理论。美国的社会学家、政治哲学家 D. 贝尔在《关于异化的辩论》中论述过这种趋势。他说，今天在英国和法国，人们对马克思的兴趣围绕着异化这个主题。人们不是把马克思当作一个经济学家或政治理论家，而是把他当作揭示异化的第一个哲学家。② 马克思只是一个哲学家，是一个人道主义的、异化理论的哲学家。马克思主义的全部核心范畴是人性、人道、异化之类。这就是某些西方马克思主义者眼中的马克思主义。

一些西方学者也有类似的看法。例如，美国富兰克林马歇尔学院哲学系教授宾克莱在《理想的冲突》一书中也宣扬这种观点。他认为，马克思的经济理论已为凯恩斯所超过；马克思关于中产阶级的消灭和资产阶级与无产阶级斗争的预言，关于资本主义必然为社会主义所代替的预言已被证明不正确，唯一留下的只是一种道德价值学说。所以他公开宣称："把马克思当作一个哲学家、预言家或一个新现世宗教的创始人，或者甚至当作一个'价值立法者'（借用尼采的说法），我们就可以对马克

---

① [德]爱德华·伯恩施坦：《社会主义的前提和社会民主党的任务》，殷叙彝译，生活·读书·新知三联书店 1965 年版，第 255 页。

② 转引自陆梅林、程代熙选编：《异化问题》下册，文化艺术出版社 1986 年版，第 1 页。

思的重要性认识得更清楚一些。"① 还说:"作为我们选择世界观时的一位有影响的预言家的马克思永世长存,而作为经济学家和历史必然道路的预言家的马克思则已经降到只能引起历史兴趣的被人遗忘的地步。"② 马克思完全被肢解了,作为包括哲学、政治经济学和科学社会主义学说在内的完整科学体系的马克思主义。只剩下哲学,马克思主义被割断了与无产阶级革命运动的联系,变成传布预言的无害的神圣偶像。

英国学者佩里·安德森说:"马克思这位历史唯物主义的创始人,不断从哲学转向政治学和经济学,以此作为他的思想的中心部分;而1920年以后涌现的这个传统的继承者,却不断地从经济学和政治学转回到哲学——放弃了直接涉及成熟马克思所极为关切的问题。"③ 应该说,这是从一个侧面对马克思主义科学体系的形成及其当代遭遇的客观评述。

---

① [美] L. J. 宾克莱:《理想的冲突——西方社会中变化着的价值观念》,马元德等译,商务印书馆1983年版,第96页。

② 同上书,第106页。

③ [英] 佩里·安德森:《西方马克思主义探讨》,高铦等译,人民出版社1981年版,第68—69页。

马克思主义哲学是科学世界观

　　马克思主义哲学是哲学，当然与其他哲学有共性，否则它就不是哲学。一些学者否认马克思主义哲学是哲学，否认马克思和恩格斯是哲学家，就是片面夸大它们之间的差异性；可马克思主义哲学姓马，它的确有其特点，否则它就不是马克思主义哲学。但我们应该看到，马克思主义哲学的产生是哲学领域中的一次转折性的变化，无论在对象、结构、功能方面都有自己的特点。

　　马克思主义哲学把无产阶级和人类解放作为自己哲学的最高目标，强调哲学是人类解放的头脑，无产阶级是人类解放的心脏。这是哲学史上的创举。无论古今中外，没有一种哲学公然把自己的政治诉求作为哲学的目标。在历史上哲学都是标榜非功利主义、超越现实的，是纯思辨的。它的政治意图往往是隐含的甚至连哲学家自己都没有意识到。马克思主义哲学打破了这个传统，使哲学真正从天上落到地下，成为具有鲜明阶级性和实践性的哲学。这种转变对马克思主义哲学具有决定性意义。

马克思主义哲学既然要成为无产阶级解放的头脑，就必须是科学的世界观，即对世界的理解包括某些规律性的把握，否则不可能完成这个历史使命。在哲学史上，唯独马克思主义哲学明确以自然、社会和人类思维的一般规律为对象，把世界观问题从关于存在的本性问题推进到关于世界普遍规律性的研究。尽管第一次这样做的是黑格尔。黑格尔把整个自然的、历史的、精神的世界描写为一个过程，即把它描写为处在不断地运动、变化、转变和发展中，并企图揭示运动和发展的内在联系。可黑格尔是以唯心主义观点处理这个问题的，把它说成是对绝对观念的自我认识。恩格斯吸收了黑格尔的合理思想并根据19世纪自然科学的成就，根据无产阶级的历史使命，把马克思主义哲学的对象定义为关于物质世界（包括自然、社会和人类思维）的一般规律。所以，哲学是世界观的理论形态，是哲学不同于实证科学的普遍特点，可以视为哲学的一般定义；而把哲学定义为科学世界观，定义为关于自然、社

★ 德国近代客观唯心主义哲学的代表、政治哲学家黑格尔 文化传播 / 供图

会和人类思维一般规律的学说则是马克思主义哲学的特点。

马克思主义关于哲学的定义，为把哲学变为一种具有科学性的学说提供了可能性。古希腊一些哲学家把哲学定义为关于存在的学说，虽然也从一个侧面揭示了哲学的本质，可是，由于存在的多义性，可以对存在作各种解释，这一点人们从巴门尼德、亚里士多德以及当代各种色彩的存在主义者可以看到。正如恩格斯说的："只要我们离开存在是所有这些事物的共同点这一简单的基本事实，哪怕离开一毫米，这些事物的差别就开始出现在我们眼前。至于这些差别是否在于一些是白的，另一些是黑的，一些是有生命的，另一些是无生命的，一些是所谓此岸的，另一些是所谓彼岸的，那我们是不能根据把单纯的存在同样地加给一切事物这一点来作出判断的。"存在只有在与物质相同意义上才具有哲学价值。如果存在变为在"存在着"的意义上使用，就会变为排除所有存在物的特性，包括物质与意识的区别的概念，从而掩盖哲学上的路线和分歧。

而且把自然、社会和人类思维的一般规律定义为马克思主义哲学的对象，就有可能防止把哲学变为纯粹思辨、纯主体意见的可能性。哲学就其表现方式看可以而且必须是哲学家个人的一种见解、一种意见，但这种见解、意见如果不包含规律性内容，没有可验证性，那也只能是哲学家个人无足轻重的一种

链接阅读

巴门尼德（约公元前515—公元前5世纪中叶以后）：古希腊哲学家，古希腊爱利亚学派的实际创始人和主要代表者。其主要著作是用韵文写成的《论自然》，如今只剩下残篇。

意见而已，而不具有普遍性。当一种哲学不具有任何普遍性内容，那就只能是一种私家哲学，在历史上只能是过眼云烟，激流中的泡沫而已。

正因为马克思主义哲学以物质世界的普遍规律为对象，才有可能真正实现建立"世界哲学"的哲学理想。因为这种哲学具有它的普遍的适用性，即毛泽东所说的"放之四海而皆准"。尽管它的应用在任何地方都要与具体实际相结合，但就其适用性而言具有普遍性。没有一个社会不受辩证法基本规律、社会基本矛盾规律支配；没有一个人的认识可以超越实践与认识、主体与客体相互关系规律的支配。当人们承认它应用它，它可以变为自觉的认识工具；当人们不承认它，它以一种自发的力量和方式起作用。可以斗胆断言，在世界任何地方可以发现新的规律，但不可能推翻已为实践证明的马克思主义哲学的基本规律。资本主义社会可以不承认对立统一规律，但同样为各种矛盾所困扰。

"世界哲学"和"普世伦理"不一样。世界哲学是以自然、社会和人类思维的一般规律为依据的；而普世伦理是以普遍人性为依据的。要全世界的人特别是各国的政要，都认同并实行"己所不欲，勿施于人"是不可能的。不用说博爱，就是爱你的邻人很多人都是做不到的。一切被视为所谓全世界适用的道德黄金律的东西，除了少数心存厚道的学者在忙活，少数热心的宗教家在忙活，也只是说说而已。不是说这些道德规范不好，不感人不动人，一旦所有的人特别是当权者都接受，不愁不能把我们的世界变为人间天堂，变为爱的世界，变为极乐世界。我说的这是个梦。这个梦人类做了多少年仍然是个梦，弱者的梦。只要睁开眼睛看看现实就知道。与其现在制定根本不可能实现的普世道德，倒不如老老实实告诉人们为什么世界是这样的。我以为清醒比沉睡更好，何必让政治家们讪笑哲学家和伦理学家的天真。

马克思主义哲学把无产阶级和人类解放问题作为自己哲学的任务，

也改变了哲学的结构。哲学虽然是世界观，但没有一个哲学体系可以毫无遗漏地研究世界观的方方面面的问题，各个哲学都有所侧重。马克思主义哲学既然以无产阶级和人类解放为己任，因此实践这个范畴在马克思主义哲学中具有重要意义，它具有本体论功能，即把自在的世界转变为自为的世界，使自然人化；具有认识论功能；而在社会历史观中成为揭示社会生活本质和秘密的钥匙。辩证法是马克思主义哲学的活的灵魂，马克思和恩格斯非常重视"合理形态"的辩证法，它是马克思主义哲学具有革命性批判性的理论和方法论依据。在马克思主义哲学中，社会历史观处于最为重要的地位。恩格斯曾经说过，工人阶级由于封建主义的生产方式转变为资本主义生产方式而被剥夺了生产资料的任何所有权，由于资本主义生产方式的机制而一代传一代地处于这种毫无财产的状态，他们是不能在资产阶级的法学幻影中充分表达自己生活状况的。只有当工人阶级不再戴着有色的法学眼镜，而是如实地观察事物的时候，它才能亲自彻底认清自己的生活状况。在这方面马克思的唯物史观帮助了工人阶级，他证明：人们的一切法律、政治、哲学、宗教等观念归根结底都是从他们的经济生活条件、从他们的生产方式和产品交换方式中引导出来的。由此便产生了适合于无产阶级生活条件和斗争条件的世界观。

毫无疑问，马克思主义哲学是一块整钢，它的整体和部分不可分，但其中马克思和恩格斯在创立马克思主义哲学时最重视辩证法和唯物史观。列宁多次讲到马克思主义体系结构的这个特点。他说，"马克思和恩格斯在他们的著作中特别强调的是**辩证**唯物主义，而不是辩证**唯物主义**，特别坚持的是**历史**唯物主义，而不是历史**唯物主义**"[1]。在另一处，

---

[1]《列宁全集》第十八卷，人民出版社 2017 年版，第 345 页。

列宁说，马克思和恩格斯把自己的全部注意力集中于：不是重复旧的东西，而是认真地在理论上发展唯物主义，把唯物主义应用于历史，就是说，修盖好唯物主义哲学这所建筑物的上层，这是理所当然的。还说，他们强调当时"特别缺少的东西，即辩证法，这是理所当然的"①。可见，正是由于当时的思想文化背景和无产阶级的历史使命，形成了包括社会生活在内的彻底的辩证法和彻底的唯物主义相统一的哲学，形成了马克思主义哲学的辩证唯物主义和历史唯物主义的两大块的结构，这种结构离开了马克思主义哲学的历史是不可理解的。

而且由于马克思主义哲学把无产阶级和人类解放作为自己哲学的使命，因此在马克思主义中，不存在外于它的独立的哲学体系。马克思和恩格斯既是马克思主义哲学的创造者又是运用者。哲学在马克思和恩格斯手中同时是一种批判性考察资本主义社会的工具，它与马克思主义的经济学和社会主义学说不可分地结合在一起。我们可以分别研究马克思主义的哲学、经济学和科学社会主义学说，这是研究的不同的视角，但绝不是各自独立的三个部分。马克思和恩格斯特别是马克思的哲学观点，大量地体现在他们的经济著作和关于社会主义的著作之中。这种哲学理论和哲学应用相结合的结构方式，根本

★ 马克思主义哲学是科学的世界观和方法论。图为1919年5月《新青年》出版的"马克思主义研究专号"，介绍马克思唯物史观的文章　海峰／供图

① 《列宁选集》第二卷，人民出版社1995年版，第179页。

改变了历史上哲学家们最容易犯的思辨化、经院化和教条化的弊病。

也正因为马克思主义哲学把无产阶级和人类解放作为自己哲学的使命，从而赋予哲学以认识世界和改造世界的功能。这同历来的哲学包括当今西方哲学的道路是不同的。哲学是多种多样的。各种哲学只要是包含某些真理的因素或者提出了足以推动人类思维发展的问题，都是对人类文化的贡献。但是从无产阶级完成自己的历史使命，从认识世界和改造世界的角度说，马克思主义哲学的作用是无可替代的。

中国的哲学思维很发达，提供了丰富的哲学智慧。但是中国哲学重人生重道德教化，因此强调哲学安身立命和提高个人人生境界的作用。追求天人合一，追求做贤人、圣人，追求道德上的完美至善。至今新儒家们倡导的本质上仍然是中国儒家哲学的这种传统。哲学的这种功能自有它的作用。马克思主义哲学应该充分吸收中国哲学中的优秀传统，但无产阶级和劳动者不可能依靠这种哲学获得解救。同样，西方哲学虽然有重宇宙论、认识论和方法论的传统，但都没有把改造世界作为哲学的任务。当代西方哲学倡导重视现实世界，但仍然是纯哲学的。这种所谓现实世界只是相对于从柏拉图到黑格尔的理念世界而言的感性的表象的世界。它们纠正了以往过分推崇理性，以建立纯思辨的形而上学体系为目的的哲学传统，把哲学的立足点放在现实世界上。但它的现实世界并

链接阅读

新儒家：一般认为，现代新儒家是20世纪初期产生的一个文化和哲学学派。面对近代以来的中国文化危机，他们坚持文化守成主义立场，相信中国传统文化对中国的价值，探索在以儒学为主流的中国文化基础上，中国文化现代化的可能性。新儒家代表人物为熊十力、梁漱溟、马一浮、唐君毅、牟宗三、徐复观等。

不是真实的物质世界，并不是以物质生产为基础的社会现实，而是主体世界、语言世界。研究人的交往，研究语言的社会作用是必要的，但它是哲学家的哲学而不是革命者的哲学。这种研究并没有提供认识当今世界的理论和方法，更不用说凭借它来改变这个世界。他们中的一些哲学家为人类思想库增加了某些智慧，但没有根本改变传统哲学的思辨性本质。我们应该重视并充分吸收中外哲学智慧的精华，但马克思主义哲学仍然是我们真正认识和解决当今使人类陷于困境的人与自然的矛盾，认识当今各个国家、民族之间的矛盾，特别是全球化浪潮引发的种种矛盾的哲学。

与马克思主义哲学的使命相适应，它不再以建立抽象的形而上学体系，为人类提供永恒不变包医百病的绝对真理为目的。因为世界发展的一般规律，如果不与具体的不断变化的实际相结合就是僵死的教条。所以马克思和恩格斯特别强调自己哲学世界观的方法论意义，反对把自己的哲学变为剪裁事实的公式。这一点，与以往充当科学之科学，或以最终的绝对真理自诩的哲学迥然不同。马克思和恩格斯在《德意志意识形态》中说，对现实的描述会使独立的哲学失去生存环境，能够取而代之的充其量不过是从对人类历史发展的观察中抽象出来的最一般结果的综合。这些抽象本身离开了现实的历史就没有任何价值。所谓马克思主义"放之四海而皆准"，就是从世界一般规律及其方法论而言的，而不是就具体论断和结论说的。马克思主义哲学如果失去了方法论作用，就会割断与生活的联系并丧失它的实际价值。

马克思主义哲学由于它以自然、社会和人类的思维规律为对象，是一种具有科学性的哲学，同时它以无产阶级和人类解放为目标，充满对人的自由和全面发展的深切人文关怀。如果认为马克思主义立足于事实，着眼于探求规律，就企图按实证主义观点来解释马克思主义哲学是错误的；以马克思主义哲学的人文关怀为理由把马克思主义哲学人道主义化也同样谬之千里。马克思主义反对把哲学变为实证科学，把世界变为无人的世界，也反对充满悲天悯人的抽象人文关怀。马克思主义哲学不是"爱的哲学"。我们从马克思和恩格斯的《反克利盖的通告》中可以明白无误地知道这一点。在马克思主义哲学中科学性和价值性是统一的。

哲学要能正确解释世界和改造世界必须是科学的，必须包括规律性的认识。因而马克思主义哲学不能单纯以个人体悟为依据，以个人的道德境界的升华为旨归。但是马克思主义哲学并不是非道德的。实际上为无产阶级和人类解放而斗争的哲学，其自身就包含着道德要求。一个真正以马克思主义世界观为指导，为绝大多数人的利益而奋斗甚至牺牲生命都在所不惜的人的道德是高尚的；这种人的胸襟坦荡、眼界宽阔、气度恢宏。马克思、恩格斯以及历史上和当代许许多多革命者的表现证明了这一点。马克思主义哲学也不排斥体悟，实际上马克思主义哲学的应用和发挥就包含个人的实践经验和人生经验。一个只知道背诵马克思主义哲学教科书而无任何个人体会和创见的人不可能成为马克思主义哲学家。可是马克思主义提倡的体悟不局限于个人的一己经验，更不是明心见性，面壁顿悟，而应该着眼于更广泛的群众性的经验总结。

哲学是多种多样的。马克思主义哲学是哲学中的一种而不是唯一的哲学。马克思主义哲学由于它的阶级特性和历史使命，由于它的科学性与价值性的统一，迄今为止，它仍然是我们认识与改造世界的最锐利的武器。但马克思主义哲学绝不以永恒真理自命，因而它具有兼容性和开放性。马克思主义哲学追求的是真理，因而在任何哲学中只要是对问题的提出或对问题的回答中包括合理的东西都会吸收；它面对现实，面对人类不断积累的新的实践和科学知识的发展，必然要进行新的创造，因而它的体系和内容是开放的，永远是未完成的。正确处理中（中国哲学）西（西方哲学）马（马克思主义哲学）的关系，正确处理马克思主义哲学与当代现实和科学的关系，正确对待当代各种哲学提出的有价值的问题和某些看法，是当代中国马克思主义哲学工作者的历史使命，也是马克思主义哲学进一步中国化的必由之路。但是马克思主义哲学作为科学世界观这一原则不能动摇。既不具有科学性又不是世界观和方法论的马克思主义哲学，是马克思主义哲学的终结。

论马克思主义哲学本体论

哲学中的本体论问题，学术界争议颇多，其中既有关于译名的争论，也有关于本体论自身的争论。我认为，我们不应该拘泥于本体的词义学考证，也不能因为各种唯心主义的、神学的，以及旧唯物主义形而上的本体论而否认它在哲学中的地位。哲学中本体论存在依据的最深层的根源不是人的哲学思辨，我们不能依据某些错误的本体论观点而对本体论作为哲学问题采取拒斥态度。本体论问题存在的必然性和必要性是人的实在处境和生存需要。人生活在世界之中。人是生活于世界中的人，人面对的是人的世界。人的生存依赖世界，人必须了解世界和改造世界。作为不同于具体自然科学的哲学学说不能无视这个最根本的事实。对客观世界的具体把握是实证科学，而对包括人自身在内的世界的总体性把握是哲学。世界如何（它的本质和状态）？属于本体论问题；世界如何认识（认识世界的途径、方法和规

链接阅读

本体论: 哲学名词，在希腊语本义中指的是存在的学说。"本体论"一词是16—17世纪的德国哲学家郭克兰纽、法国哲学家杜阿姆尔最早使用的。马克思主义哲学批判了不同形式的本体论思想，指出其错误在于离开世界统一于物质的基本原理，抽象地谈论存在的性质，只能导致唯心主义。但马克思主义哲学并没有抛弃本体论，而是在实践的基础上实现了辩证法（本体论）、认识论和逻辑学的统一，科学阐明了存在的本质和一般规律。

律）？属于认识论问题；世界的意义（应该如何）？属于价值论问题；如此，等等。任何一个够得上称为哲学问题的问题都必然直接或间接地与世界客观实在性问题相关联。在哲学史上哲学领域不断分化又不断扩大，新的问题会不断出现。但无论怎样变化，对世界自身的认识始终是它的基础部分。本体论问题并不能涵盖全部哲学，但本体论问题的解决方式，对一个哲学体系具有基础性的决定性意义。

世界是唯一的，但关于世界存在的本体论学说却是多样的。我们可以不同意本体理论中的思辨形而上学学说，不同意柏拉图、黑格尔的理念论和绝对观念论，不同意生命哲学、唯意志主义哲学以及各种非理性主义的本体论学说，但我们不能反对本体论问题。不能把马克思主义哲学的变革归结为对本体论问题的抛弃。其实即使是拒斥本体论的哲学仍然是以拒斥的形式包含着一种对世界实在性的看法。尽管自古至今，各种各样的本体论学说都是为自己的哲学体系寻求基石，主张各异，但从根本上说它的核心始终离不开人类面对的世界即存在，问题只是它以什么样的哲学观点对存

★ 古希腊哲学家柏拉图画像　文化传播/供图

在进行审视。

马克思主义哲学本体论的立足点不是为了构造哲学体系，也不是寻找所谓安身立命的依据，而是建立既能认识世界又能改造世界的不同于以往的哲学。马克思主义科学世界观的可能性、必要性和客观基础，都是以对世界的本质和人与世界关系的科学理解为依据的。离开世界本身争论世界观问题，以及争论所有的哲学问题都无异于民间笑话中的瞎子断匾，自说自话。

本体论问题并不单纯局限于世界的本性问题，它关系到认识领域、实践领域、生活领域中的种种问题。实践是对象化的活动，对象化的活动必须有对象，而对实践的看法取决于对实践对象的看法。康德的实践理性、黑格尔的实践观念，虽然都强调实践，但并不改变它的唯心主义本性，因为它对世界的看法是唯心主义的或者是二元论的。认识是对象化的知识，它必须有对象才可能有认识。因而认识论的性质取决于本体论的性质；唯理论与经验论都各有唯心主义与唯物主义之分，这并不取决于理性与经验自身，而是取决于它的本体论前提。马克思主义也强调哲学必须从天上降到地上，反对德国的思辨哲学；但马克思主义的生活世界、现实世界或者像他们所说的实际生活都是以自然界优先地位为前提的人的现实生活世界，即在人与自然关系基础上发生的包括经济生活、政治生活与思想生活在内的人的实际生活过程。它既有主客体关系又有以物为中介的人与人的关系。社会生活在本质上是实践的，而实践就内含着人与自然、人与社会、人与自我的关系。否则任何实践活动都不可能进行。如果把生活世界只看作主体的世界、主体的经验世界、语言世界，这种生活世界的转向与把哲学归结为追求现象背后的理念和绝对观念的思辨哲学相比，有一定的合理性，但很难说是哲学的根本转折。因为当主体性和主体际关系失去一般唯物主义本体论特别是历史唯物主义的支撑时，双脚仍然跨不出唯心主义的领域。因此在我看来，所谓现代哲学的种种转向，如认识论转向、语言学转向、方法论转向、价值论转向、实践论转向、人学转向等，实际上是哲学研究重点和主题的变化，它不可能绕开世界的客观性问题。我们可以毫无例外地在这些重大问题上看到哲学性质的分歧。

从哲学发展看，本体论不是一成不变的。中国

★ 米开朗琪罗画作《创世记》中的三个片段：《创造亚当》《分开海水与陆地》《创造众星》 文化传播 / 供图

哲学与西方哲学，古代与现代都各有特点。在西方古希腊时期，本体论表现为对宇宙起源和世界物质构成统一性的追求。这表现为哲学童年时期的宗教与神话在哲学问题上的继续。创世说、起源说，是任何民族的神话中都存在的原始人对自身起源的追问，也是宗教创世说所提的世界起源问题。不同的是，当人类不是以幻想的神话方式也不是以上帝创世说的方式，而是以理性思维的方式解答这个问题，它就变为一个哲学问题。在古希腊，由于自然科学与哲学是浑然一体的，科学尚未从哲学中分化出来，因而古希腊的本体论对问题的回答既是哲学的又具有自然科学的色彩。在西方，当实证科学逐步从哲学中分离出来，从宗教与神话怀抱中挣脱出来，哲学对本体论的提问，就摆脱了起源说和创世说的方式，变为纯哲学的问题，变为在人与世界的现实关系中，在人的思维与存在的关系中来思考世界的客观实在性问题。它的提问不是世界的起源和物质构成的问题，而是存在与人的思维的关系问题。存在和思维这两者都是现实的，思维就是人的思维，而存在就是人所面对的世界。这个第一性和第二性的问题，实际上也就是我们面对的世界是真实的客观的世界，还是在它背后还有一个决定和产生现实世界的世界。这个产生现存世界的存在物，无论称之为理念、绝对观念或是主体的感觉、观念都是一样的。因为依赖观念的世界，当然是非客观的世界，它只是观念的变形和投影。

本体论是任何哲学都不能摆脱的问题，它是哲学中的根本性问题，是哲学不同于非哲学的一个本质性规定。中国传统哲学中同样有本体论理论。这突出地表现为道家关于道和儒家关于心性的学说。当然，中国传统哲学以人生哲学和伦理哲学为主导特色，因此道家的道变为德，而儒家的发明本心往往转变为道德修养的最高境界，因而中国哲学的本体论学说没有西方哲学那样浓重的纯逻辑的范畴体系色彩。但是，不能认为中国哲学没有本体论学说。当然,哲学家并不一定以本体论为重点来构建自己的哲学体系,哲学是多种多样的,更不用说在不同时代哲学会面对不同的问题。有认识论问题、语言问题、非理性问题、欲望问题、意志问题、人的问题,以至当今的文化哲学、环境哲学、伦理哲学、生态哲学、经济哲学,可以说,哪里有问题哪里就有哲学。哲学会出现在任何具有普遍意义的问题的地方。但是无论哲学如何多样,只要是哲学,是哲学的思考方式,它就有一个本体论的前提。这个前提可以是显性的,也可以是隐性的。这种本体论前提决定它的整个哲学的性质和方向。有个哲学家说过:"每一种认知论——即使它本身意识不到或不怎么愿意——也必然是一种本体论(这种理论一方面探究实体是什么,一方面探究对实体所做的思维是什么,然后把两者作一比较)。由于有这种关系,有时思维被视为根源于实体——这是实在论的观点,有时实体的结构被认为导源于思维的作用——这是唯心论的观点。不管怎样,这种关系是不能置之不理的。"①

究竟什么是马克思哲学的本体论学说?我以为不能企图用一个判断或一个命题,如自然本体论、物质本体论或实践本体论来概括马克思主义哲学本体论的丰富内涵。任何简单的概括都会由于片面性而陷入无休止的争论。我们可以不同意自然本体论,但我们不可能取消自然界的优先地位,取消任何为我之物都是从自在之物转化而来的事实;我们可以不赞成物质本体论,但我们不可能否认世界的物质统一性,不可能否认世界各种各样的现象是物质的不同形态或物质的属性;实践本体论是不能同意的,但我们无法否定实践具有本体论功能,人可以创造自然界原来没有的东西,可以参与自然的变化并在自然界打上人的烙印,使人的

—————————

① [西班牙] 何·奥·加塞尔:《什么是哲学》,商梓书等译,商务印书馆 1994 年版,第45页。

实践成为周围感性世界的基础。我以为，马克思主义哲学的本体论理论是一个包括许多重大问题的问题域。例如，自然、物质、社会、实践、规律、运动，等等，都是它的重要范畴，把它们对立或割裂开来，都会歪曲马克思主义哲学本体论的本质。如果要给马克思主义哲学本体论以名称的话，不妨称之为辩证唯物主义本体论，正如我们惯用的辩证唯物主义认识论、辩证唯物主义历史观一样。辩证唯物主义本体论包括一系列重要原理，但其中最重要最关键的问题，是世界的客观实在性及自在世界向为我世界的转化的基础问题。马克思主义哲学世界观的科学性和根据在于，它真实地揭示了世界本来面目和人类实践的参与使世界发生改变的过程。马克思说过，"只要这样按照事物的真实面目及其产生情况来理解事物，任何深奥的哲学问题——后面将对这一点作更清楚的说明——都可以十分简单地归结为某种经验的事实"①。

马克思主义哲学变革的关键是以科学的本体论学说为依据的。不坚持世界的客观性和正确处理人与世界的关系，就不可能确立辩证唯物主义认识论学说，也不可能有辩证唯物主义历史观的变革。历史观不是自然观的延伸，但历史观不能没有一般的本体论前提。在辩证唯物主义历史观中，如果排除了自然的客观实在性和人与自然的理论与实践关系，就没有历史唯物主义。历史和现实都证明，要坚持马克思主义哲学，必须坚持马克思哲学的本体论；而要在本体论问题上坚持辩证唯物主义观点，必须以承认世界的客观实在性为前提，才能正确处理人与世界的关系。在这个问题上动摇，就会全线崩溃，列宁曾形象地譬喻为"一爪落纲，全身被获"。在当代的马克思主义哲学中，认识论和方法论问题、历史观问题、价值观问题、人生观问题，总而言之，任何重大哲学问题

---

① 《马克思恩格斯文集》第一卷，人民出版社 2009 年版，第 528 页。

链接阅读

卢卡奇（1885—1971）：匈牙利共产党早期领导人之一，著名哲学家和文学批评家，20 世纪影响最大、争议最多的马克思主义评论家和哲学家之一。他 1923年出版的《历史与阶级意识》一书，被誉为西方马克思主义思潮的开端。主要著作有《青年黑格尔》《存在主义还是马克思主义？》《理性的毁灭》等。

都会因为丧失辩证唯物主义的本体论前提而倒向唯心主义。卢卡奇晚年写作《社会存在本体论》这一著作时已经认识到这一点，他对自己否定自然界的优先地位，否定自然辩证法的失误做过自我总结。

时代在进步，实践在发展，科技在创新，马克思主义哲学当然也在发展。马克思主义哲学本体论的内容肯定会因为科学技术革命的新成就而更加丰富和创新。但信息科学的发展，虚拟现实问题和数字化生存方式问题的出现，都不能取消世界的客观实在性。人不能无视客观世界的存在，更不能把人的意志强加在自然之上。人只能在实践中把自在之物变为为我之物，但人面对的永远是一个客观世界。哲学当然要研究自我，但人的生存境遇的改变，不能归结为对人的心理世界的探求，而是对客观世界的改变。马克思主义哲学不能归结为生存哲学或生存论哲学。不把颠倒的世界颠倒过来，没有一个合理的社会，就不会有合理的生存环境。人的生存问题，说到底是一个正确处理人与自然的关系问题、正确处理人与社会关系问题。否定物质世界的客观实在性，无视世界的客观性，无论在理论上或实践上都必然陷入困境。

马克思主义哲学的本质

　　马克思主义是严整的科学体系。它的核心社会理念，是无产阶级解放和人类解放；它的核心理论，是对这个社会理念的具有严密性和完整性的科学论证。马克思主义的社会理想不是基于道德原则，也不是基于信仰的宗教千年王国，而是由一系列基本原理的科学论证作为理论支撑的。马克思主义是由马克思和恩格斯创立，由他们的各国后继者继承、发展和实践的，以追求通过不同方式改变以私有制为基础的资本主义社会，最终达到无产阶级和人类解放、达到人的自由全面发展的学说。

　　"马克思主义"不只是一种学说的名称，而且是一种学说的本质。它不是任何乐意使用的学者、学说或学派都可以使用的。凡是反对马克思主义社会理想，即不主张以无产阶级和人类解放为最终目标，不主张以社会主义社会取代资本主义社会的理论不是马克思主义；同样，凡是摒弃马克思主义基本原理，甚至以各种方式反对马克思主义基本原理的人也不可能是马克思主义者。它可以称为任何别的什么主义，就是不能称为马克思主义，因为它与马克思主义的核心社会理念和基本原理是相背离的。

马克思主义有其确定的本质。这种观点的最大障碍是唯心主义的哲学解释学。如果把马克思主义本质问题放在这种解释学视域范围内来研究，必然是多元的。因为它强调解释者的政治倾向、历史条件、时代背景以及个人的学养对确定马克思主义本质的决定意义，而否定马克思主义文本自身所蕴含的客观价值。按照这种观点，世界上根本不存在马克思主义，存在的只是对马克思主义的不同解释，任何一种解释都不能代表真正的马克思主义。在马克思去世后发展起来的种种对马克思主义的解释中，究竟哪一种最接近他的原意？是斯大林主义，列宁主义，还是西方马克思主义？都不是。究竟什么是马克思主义，如何寻找真正的马克思主义，变成了一个马克思主义理论的难题。

"一切划时代的体系的真正的内容都是由于产生这些体系的那个时期的需要而形成起来的。所有这些体系都是以本国过去的整个发展为基础的，是以阶级关系的历史形式及其政治的、道德的、哲学的以及其他的后果为基础的。"[1] 马克思主义作为一种思想体系同样如此。它不仅是一种文本，而且是一种实践，是一种运动。它的本质不仅表现在似乎可以任人解读的以语言为载体的文本中，而且表现在马克思和恩格斯的全部实践活动中。马克思和恩格斯的著作不是可以任意解读的文本，它是与他们所处的历史条件和时代提出的问题，与他们的全部政治活动、学术活动和无产阶级政治活动不可分离的理论结晶。马克思主义之所以成为马克思主义，与它的时代的、阶级的和文化的背景存在着因果制约

---

[1]《马克思恩格斯全集》第三卷，人民出版社 1960 年版，第 544 页。

★ 1864 年 9 月 28 日，第一个国际工人政治组织——国际工人协会（第一国际）在伦敦建立。图为 1871 年马克思在国际工人协会海牙代表大会上发言　海峰 / 供图

性。如果离开资本主义社会的现实矛盾和时代问题，离开马克思和恩格斯理论产生的思想土壤，离开他们毕生为之奋斗的事业，离开他们全部政治和学术活动，就不可能正确理解马克思主义的本质。

当恩格斯说，马克思首先是一个革命者，用各种方法推翻资本主义是他毕生的事业时，就已经从根本上规定了正确理解马克思主义本质的最主要之点。

凡属马克思主义学派的首要条件，应该是立足实践、面对问题，运用马克思主义基本原理解决自己时代面对的问题和以不同方式为实现马克思主义的社会理想而奋斗。把判断真假马克思主义放在对文本的解读上，而不是放在如何实现马克思主义的社会理想上，放在运用马克思主义基本原理解决自己时代面对的新问题上，放在实践上，只能陷于永无结论的烦琐争论。

马克思主义的本质是确定的，这并不意味着某一个国家或政党是唯一的马克思主义学派。马克思主义没有"世袭权"，也没有自奉为唯一正确的"解释权"或"唯一模式"。当年苏联曾经垄断马克思主义的"世袭权"和"解释权"，结果由于教条主义和后来对社会主义事业的背叛，失去了这种所谓"世袭"和"解释"的绝对权威。

事实证明，只有真正坚持马克思主义基本原理与本国实际相结合，才有资格称为马克思主义者。当我现在读到苏联原来红极一时的一些马克思主义权威的文章，读到当代世界有些自称为马克思主义革新者的著作，从他们以某一文本中的某段某句为依据来否定马克思主义基本原理，深感西方哲学解释论与马克思主义的实践论南辕北辙，无法在"谁是真正马克思主义者"的问题上取得一致的看法。那些以解释学为据自称的马克思主义，往往不是"龙种"而是"跳蚤"。

马克思主义肯定在不同国家和地区都有众多的拥护者、实践者并在实践中形成各具特色的马克思主义。苏联解体、东欧剧变后，多次世界性的马克思主义会议和世界性的共产党与工人党会议证明了这一点。但也不能把马克思主义泛化。现在理论界常说的苏联马克思主义、东欧马克思主义、南斯拉夫马克思主义、西方马克思主义或者其他各种名称的马克思主义，都还只能是个称谓，而不是实质。马克思主义的本质不是按地区、按国别划分的，而是按它是否真正属于马克思主义学派来划分的。我们应该明白，所有按地区和国别称谓的马克思主义中，具体人物的情况不尽相同。其中有马克思主义者，有对马克思主义的某一方面或某一问题作出贡献的学者，但也有以马克思主义自诩而实际上背离马克思主义的学者。毫无疑问，马克思主义的队伍需要壮大，对马克思主义表示好感和同情的左派学者日益增多，意味着马克思主义的理论影响的扩大。我们非常乐意读到西方一些学者对马克思的赞扬。我们应该充分注意其他国家和地区的工人运动和左派学者对马克思主义的贡献，吸收他们有价值的思想，但不管马克思主义的发展如何呈现多样化趋势，都不能鼓吹马克思主义本质的多元论。抽象地倡导马克思主义发展的一体多元，很容易混淆马克思主义与非马克思主义甚至反马克思主义的理论界限。

马克思主义发展的方式不是解释学的而是实践的。马克思主义的发展，从根本上说是在实践中发展。在各国革命实践中、在社会主义建设实践中，真正坚持以马克思主义为指导思想的政党都可以在不同方面推进马克思主义，使马克思主义具有时代和民族的特色。当然，理论研究也是推进马克思主义的一种方式。除了与实践结为一体的理论研究外，即使没有直接参与革命实践，但着力从马克思主义立场、观点和方法进行纯学术的研究，也可能从某一方面对马克思主义的发展和运用作出自己的贡献。马克思主义需要实践型的理论家，也需要学者型的专家。但这种学者型的马克思主义者，同样应该具有马克思主义的批判和革命精神，以自己的研究成果直接或间接服务于马克思主义伟大社会理想和实践。

▌ 马克思主义哲学的双重功能

在人类历史上，哲学家们非常重视哲学的功能。不过有的重视它探求宇宙奥秘的本体论功能；有的强调它研究认识可能性和途径的认识论和方法论功能；有的则推崇它所谓明生死、去私欲，作为安身立命精神支柱的人生哲学功能。鉴于以往哲学的局限，它的认识功能是有限的，不少是消极的。而马克思主义哲学的功能是以往任何哲学都无法相比的。

马克思主义哲学具有双重功能。一是科学认识功能。马克思把这个功能比作"头脑"的功能。他说，无产阶级"解放的头脑是哲学，它的心脏是无产阶级"①。马克思主义哲学作为无产阶级解放的"头脑"，最突出、最集中地表现在它为无产阶级和人类提供了科学的世界观和方法论。

我们说马克思主义哲学是唯一科学的世界观，因

①《马克思恩格斯文集》第一卷，人民出版社 2009 年版，第 18 页。

为只有它才提供了以自然科学和社会科学为依据的、关于整个物质世界的科学图景。辩证唯物主义关于世界的物质性、关于世界发展普遍规律的观点，是对客观世界本身面貌真正的揭示。整个科学都表明，世界确实如马克思主义哲学揭示的，处于普遍联系和永恒运动之中。

马克思主义哲学又是唯一科学的方法论。这一点同样是极其重要的。它表明了马克思主义哲学的革命本质。马克思主义哲学和无产阶级革命实践的紧密联系，和各门科学的紧密联系，其最突出的、最集中的表现，是给予它们认识和改造世界唯一科学的方法论。马克思主义哲学的创始人，十分强调自己哲学的方法论意义。恩格斯以其远见卓识向人们宣布，"马克思的整个世界观不是教义，而是方法。它提供的不是现成的教条，而是进一步研究的出发点和供这种研究使用的方法"[1]。

世界观和方法论的一致性，贯穿着全部马克思主义哲学。其中任何一个规律，任何一个范畴，都既是世界观又是方法论，是世界观和方法论的统一体。把辩证法作为方法而否认它是世界观，或与把唯物主义作为世界观而否认它是方法，都是不全面的，因而也是错误的。

唯物主义是世界观，它给予世界本质以唯一科学的解释，正因为如此，它又是方法论。恩格斯说，"唯物主义的自然观不过是对自然界本来面目的朴素的了解，不附加以任何外来的成分"[2]。这充分表明了唯物主义世界观作为方法论的功能。按照世界本来面目认识世界，不附加任何外来成分，应该说是最科学、最客观的研究方法，它和主观主义的思想方法是根本对立的。后来，列宁在辩证法十六要素中，把这一方法规定为观察的客观性（"不是实例，不是枝节之论，而是自在之物本

①《马克思恩格斯文集》第十卷，人民出版社 2009 年版，第 691 页。
②［德］恩格斯:《自然辩证法》，人民出版社 1971 年版，第 177 页。

身"①），使唯物主义作为科学方法显得更加突出。

无疑辩证法是一种方法，是从事物的矛盾中，从运动、变化和发展中考察事物的科学方法，但它同时又是世界观，因为它承认世界本身就是运动的、发展的、包含矛盾的。辩证法之所以能成为一种科学方法，首先在于它是科学世界观。全部辩证法的基本规律和范畴的内容都是客观世界所固有的，主观辩证法只是对客观辩证法的反映。把辩证法仅仅作为方法，主观地加以应用，就会导致诡辩论，根本歪曲了辩证法的本质。

不仅全部辩证唯物主义，而且全部历史唯物主义也是世界观和方法论的统一体。历史唯物主义揭示了人类社会发展的普遍规律，同时也为认识和分析社会历史提供了唯一科学的方法。"马克思和恩格斯称之为辩证方法（它与形而上学方法相反）的，不是别的，正是社会学中的科学方法，这个方法把社会看做处在不断发展中的活的机体"②。

马克思主义哲学还有一个重要功能，这就是意识形态的功能。马克思主义哲学具有鲜明的阶级性，它公开申明为无产阶级服务；在意识形态领域中，坚持党性原则，反对和批判各种敌对的学说和思想体系，反对形形色色的资产阶级思潮。

在马克思主义哲学产生以来的一个半世纪中，它

链接阅读
形而上学：用孤立的、静止的、片面的观点看世界，是一种与辩证法相对立的世界观和思维方法。在哲学史上，形而上学有时同唯物主义结合在一起，有时同唯心主义结合在一起，18—19世纪的唯物主义就带有机械性和形而上学的特点。

---

① 《列宁全集》第三十八卷，人民出版社1959年版，第238页。
② 《列宁全集》第一卷，人民出版社2013年版，第135页。

在动员、组织、宣传群众，指导无产阶级革命和社会主义建设的过程中，既发挥着世界观和方法论的职能，又起着在意识形态领域，把各种错误的理论和学说，从工人运动中，从无产阶级及其政党中不断清除出去的作用。一部马克思主义哲学史，既是指导无产阶级及其政党的实践史，又是哲学斗争史。正是在这个过程中，马克思主义哲学不断得到丰富和发展。

马克思主义哲学的科学认识功能和意识形态功能的一个突出表现，是马克思主义哲学与社会主义的理论和实践的联系。

从理论上说，马克思、恩格斯创立马克思主义哲学同他们把社会主义由空想变为科学是同一个过程。19世纪初的空想社会主义之所以陷于空想，从世界观来说，主要因为他们是历史唯心主义者，把社会主义建立在抽象人道主义原则的基础上。而马克思、恩格斯之所以能把社会主义由空想变为科学，除了剩余价值理论外，是因为他们创立了唯物史观。他们把社会主义置于现实的基础之上，运用唯物史观分析资本主义社会的矛盾及其运动，从资本主义制度自身发现了它被社会主义制度所代替的必然性。

从实践上说，社会主义由理论变为现实，也是同马克思主义哲学不可分的。列宁非常重视马克思主义哲学，他在领导俄国革命过程中，不仅亲自撰写了《唯物主义和经验批判主义》《哲学笔记》等著作，而且运用马克思主义哲学分析俄国的阶级状况，为俄国共产党领导民主革命和社会主义革命制定了正确的路线和策略。在十月革命以后的七年中，列宁又运用马克思主义哲学分析了俄国当时的状况，制定了新经济政策，力图在恢复国民经济的基础上，把俄国的社会主义建设迅速向前推进。

中国革命的历史也极其生动地证明了马克思主义哲学的指导作用。

链接阅读

新经济政策：苏俄在1921年开始实施的经济政策，它相对于1918—1920年实施的军事共产主义政策而言。1921年3月，俄共（布）十大决定，以征收粮食税代替余粮收集制，标志着新经济政策的实施。新经济政策还允许外资企业管理国家暂时无力经营的企业，恢复商品货币关系进行调节生产的作用。在实施新经济政策过程中，列宁初步找到一条在俄国这样一个经济文化比较落后的国家过渡到社会主义的正确道路，是对社会主义理论的重大发展。

★ 毛泽东十分重视运用马克思主义哲学指导实践。图为毛泽东《论十大关系》书影　海峰／供图

我们可以想一想：毛泽东的《中国革命战争的战略问题》《实践论》《矛盾论》《论持久战》《新民主主义论》等著作，对于打败日本帝国主义、推翻蒋介石统治、夺取民主革命的胜利，起了何等重要的作用。在领导社会主义建设过程中，毛泽东又写下了《关于正确处理人民内部矛盾的问题》《论十大关系》等重要著作，其中关于社会主义时期正确区分和处理两类不同性质的社会矛盾，重视意识形态领域中的斗争，以农业为基础、以工业为主导、工农业同时并举的方针，以及关于反对"和平演变"、防止资本主义复辟等论述对于社会主义建设都是非常重要的。当然，在社会主义革命和社会主义建设中我们曾经犯过不少错误，而当前社会主义在一些国家遭到重大挫折，社会主义革命正处于低潮，但这并不证明马克思主义哲学是错误的，相反，却证明马克思主义哲学是不能违背的。"蔑视辩证法是不能不受惩罚的。"

党的十一届三中全会以后，我们党恢复了实事求是的马克思主义思想路线，从中国国情出发，制定了一整套关于建设有中国特色社会主义的路线、方针和政策。这条正确的路线，已经取得明显的效果。这充分说明，对社会主义建设道路的探索，对社会主义原有的经济和政治体制的改革，必须以马克思主义哲学为指导。

毛泽东历来重视学习哲学。1955年，他在中国共产党全国代表会议上的讲话中说，马克思主义中

"基础的东西是马克思主义哲学"，"我劝同志们要学哲学"。在哲学学习中，我们一定要遵循理论联系实际的学风。马克思曾经批判过旧哲学的经院派学风，他说："哲学，尤其是德国的哲学，喜欢幽静孤寂、闭关自守并醉心于淡漠的自我直观……它那玄妙的自我深化在门外汉看来正像脱离现实的活动一样稀奇古怪，它被当做一个魔术师，若有其事地念着咒语，因为谁也不懂得他在念些什么。"① 马克思主义哲学工作者不应是"沙漠里的高僧"，不能空谈哲理，推崇"机锋"，把哲学变成貌似高深的"偈语"。同时，我们应注意到，马克思主义哲学不是教条，它并不提供当代问题的现成答案。马克思主义哲学并没有结束真理，它只是为人类认识新的真理提供了一个支撑点。我们一定要密切联系实际，真正学会运用马克思主义哲学分析和解决当代面临的问题。

---

① 《马克思恩格斯全集》第一卷，人民出版社 1956 年版，第 120 页。

马克思主义基本原理不是万能公式

马克思主义作为一个科学体系，当然包括特有的基本概念、范畴、命题和作为基本规律表述的基本原理。例如，关于生产力与生产关系矛盾运动的规律、经济基础与上层建筑矛盾运动的规律、阶级斗争的规律、辩证法的基本规律，如此等等。但是，马克思主义作为创造性的科学体系，从来反对把马克思主义的基本原理当作可以不管时间、地点、条件到处运用的教条。恩格斯曾经批评德维尔，认为他把马克思主义当作只是在一定条件下起作用的一些原理，解释为绝对的原理。

最明显的例子是关于生产力的问题。列宁和毛泽东在革命时都曾经大力批判过庸俗生产力论。在俄国，这种理论的主张者认为，俄国的工人阶级不应该夺取政权，不应该进行十月革命，因为俄国的生产力还没有发展到进行社会主义革命的高度。列宁曾经痛斥过这种理论，称其为庸俗生产力论。

在中国，毛泽东当年也批判过反对中国革命的这种理论的主张者。俄国和中国最终都取得了革命的胜利。在革命取得胜利以后，本应该利用手中的政权，大力发展生产力，为社会主义新制度创造牢固的经济基础，可是，一些人把发展生产力诬为庸俗生产力论，他们完全脱离了两种不同的社会环境，抛开了革命和建设两种不同任务之间的区别，把批评庸俗生产力论当成永恒不变的原理。

在如何对待反对所谓庸俗生产力的问题上，邓小平是把革命和建设分开的。在中国要不要进行革命战争的问题上，他坚决反对庸俗生产力论；在社会主义建设问题上，他坚持生产力最终起决定作用的理论。1977 年 10 月，邓小平在与加拿大麦吉尔大学东亚研究中心主任林达光夫妇的谈话中，非常赞同列宁和毛泽东在革命时期反对庸俗生产力论的态度。他认为，列宁在批判考茨基的庸俗生产力论时讲，落后的国家可以搞社会主义革命。我们也反对庸俗生产力论，我们采取了和十月革命不同的方式，农村包围城市。当时中国有了先进的无产阶级的政党，有了初步的资本主义经济，加上国际条件，所以在一个很不发达的中国能搞社会主义。这和列宁讲的反对庸俗的生产力论一样。

在中国革命胜利后，在党的八大报告中，刘少奇强调发展生产力，指出我们面临的主要矛盾是人民群众不断增长的物质和文化需要与落后的生产力之间的矛盾。"文化大革命"后期，邓小平主张大力恢复经济，发展生产，被"四人帮"诬为鼓吹庸俗生产力论。党的十一届三中全会以后，以邓小平同志为主要代表的中国共产党人，提出了"一个中心、两个基本点"的党在社会主义初级阶段的基本路线，把发展生产力放在中心地位，提出了"三个有利于"标准，采取了与革命时期批判庸俗生产力论不同的态度。这是一切以时间、地点、条件为转移的真正马克思主义者的态度。

★ 1979 年，在邓小平的倡议下，中共中央作出创办经济特区的决策。经过 40 多年的发展，深圳迅速发展成一座欣欣向荣的国际化大都市。左图为改革开放之初的深圳，右图为发展成为国际化大城市的深圳　安哥供图、中新图片/王东元

可以说，对马克思主义所有的基本原理都应该采取这种态度，在对待资本主义、剥削等问题上都应该采取这种态度。真正坚持唯物辩证的态度、真正坚持实事求是和具体问题具体分析的态度。毛泽东说过，我们现在消灭资本主义，将来还可以搞点儿资本主义。在革命时，我们反对剥削，反对帝国主义的资本输出。可革命胜利后，在确立了社会主义基本制度后，又允许私有制的存在，欢迎并尽可能多地吸收西方的资本，我们现在叫吸引外资，包括跨国公司和境外的私人投资。

马克思主义基本原理本质上是对基本规律的理论把握。没有对基本规律的认识当然没有基本原理。因此，如何对待基本原理实际上是如何看待基本规律的问题。普遍规律当然具有普遍性，可普遍规律起作用的条件并不是普遍的，而是各具特点的，因而对普遍规律作用的认识和运用就不能脱离它起作用的条件。这个条件最集中的就是历史过程本身。毛泽东当年在批评苏联政治经济学教科书时说过，规

律自身不能说明自身。规律存在于历史发展过程中，应当从对历史过程的分析中来发现和证明规律，不从历史发展过程中的分析下手，规律是说不清的。他还批评苏联政治经济学教科书不从历史叙述和分析开始得出结论，而是从规律出发进行演绎。

把生产力与生产关系矛盾运动的规律放在中国发展的历史过程中来考察，我们可以发现它不同于西方发达资本主义社会的特点。在新中国成立前，中国虽然生产力的发展水平远远低于西方资本主义国家。但帝国主义经济、官僚资本主义经济和封建地主经济的生产关系没有容纳中国生产力发展的空间，除了革命以外，别无他途。西方生产力水平高，生产关系容纳生产力发展的空间也大，特别是注意不断调整自己的生产关系和分配关系，从而可以继续容纳生产力的发展。这样由于历史条件不同，生产力水平低的中国，生产力与生产关系的矛盾的尖锐程度远远高于西方。因而西方没有革命，而中国非革命不可。生产力与生产关系的矛盾运动规律是一样的，但历史条件不同即规律起作用的社会性质不同，因而它的表现方式和结果也不同。

当中国取得了民主革命的胜利，经过一定时期恢复经济以后，为了巩固政权与经济基础，为了集中力量进行建设，对原来的资本主义和个体经济进行社会主义改造是必要的。可以肯定，如果没有三大改造，不形成比较强的国有经济，国家不可能有计划地迅速

链接阅读

三大改造：即社会主义改造，是指从1953年起，我国按照党在过渡时期总路线的要求，在推进社会主义工业化的同时，全面开展对农业、手工业和资本主义工商业的社会主义改造。到1956年底，三大改造基本完成，实现了把生产资料私有制转变为社会主义公有制的任务，社会主义基本制度在中国得到全面确立。

★ 1964 年 10 月 16 日，中国第一颗原子弹爆炸成功。图为第一颗原子弹爆炸成功后腾起的蘑菇云 海峰／供图

建立起初步的工业体系，工业和国防不可能从无到有，从小到大，就不可能研制出原子弹和氢弹。当时为了发展生产力，要求改变资本主义性质的生产关系，而现在为了发展生产力，又要发展私有经济。没有唯物辩证法的头脑是无法理解的。

马克思主义有灵活性，但也有原则性。灵活性是它的条件性，而原则性则体现为它的最终目的性。马克思主义是科学社会主义，建立一个没有剥削、一切成果由社会全体成员共享的社会，建设一个人人自由全面发展的社会，这个理想和方向不能变。在这个过程中，或曲折或绕行，或进一步退两步都是可能的。邓小平关于社会主义本质的定义仍然是有效的。我们强调新发展理念、全面建成小康社会，实际上都是朝最终实现社会主义本质的方向前进。发展资本主义不是我们的目的，"老板"这个称号是时代的产物，会随着时代的改变而消失。我们需要私有成分是为了建设中国特色社会主义，而不是为了在中国建设西方推荐的资本主义制度。马克思主义是科学理论，不是能随便玩弄的魔棍。

马克思主义中的马克思与恩格斯

恩格斯与马克思对立的论调由来已久，但《1844年经济学哲学手稿》的发现和出版，仿佛给这种陈旧的谎言以新的论据。朗兹胡特在重新出版的马克思早期著作序言中强调，随着《1844年经济学哲学手稿》的发表，"对马克思的理解获得了崭新的意义"，"通过恩格斯、考茨基、伯恩施坦、卢森堡，最后通过列宁而固定下来的，不仅对马克思主义者而且对反马克思主义者都具有权威意义的马克思的全部观点，现在完全改观了"[1]。塔克尔把这种观点表述得更为明确、更为露骨。他把《1844年经济学哲学手稿》称为"马克思本人的马克思主义"，认为这种马克思主义"同马克思的合作者弗里德里希·恩格斯称为'唯物主义历史观'，或者又称为'科学社会主义'那种成熟的马克思主义有

链接阅读

伯恩施坦（1850—1932）：德国社会民主党宣传家和理论家，第二国际修正主义理论的创始人和代表人物。他企图将马克思主义修正为一种改良主义学说，反对无产阶级革命和无产阶级专政。

---

　　① ［德］齐·朗兹胡特：《卡尔·马克思早期著作集》，斯图加特1953年版，第5页。

很大的区别"①。

按照西方某些"马克思学"代表人物的说法，真正的马克思主义是以《1844年经济学哲学手稿》为代表的马克思主义，而成熟时期的马克思主义是恩格斯伪造的。因此马克思主义发展有两条对立的路线：一条是继承青年马克思的路线，这是人本主义路线；另一条是恩格斯、考茨基、伯恩施坦、列宁的路线，这是机械决定论的路线。这两条路线的对立，就是马克思和恩格斯的对立，特别是作为《反杜林论》《自然辩证法》作者的恩格斯同作为《1844年经济学哲学手稿》作者马克思的对立。

一些作者公开攻击恩格斯，说恩格斯在帮助马克思主义从最初的唯物史观发展成一种僵硬的、包罗万象的思想体系方面，起了决定性作用，甚至说恩格斯错误地把他自己那些不同于并且低劣于马克思的思想说成是马克思主义。

更加荒谬的是，有的人根本不承认世界上存在马克思主义，认为马克思主义是恩格斯伪造的，是恩格斯主义。例如，法国的吕贝尔就是这种观点的鼓吹者。他在《恩格斯是马克思主义的创始人》这篇文章中，不仅公然提议摒弃"马克思主义"这个概念，并且把马克思和恩格斯共同创立马克思主义这个论断说成是"20世纪的神话"。他说："马克思主义不是马克思的思想方式的独特产物，而是由恩格斯的脑袋构思出来的。如果说'马克思主义'这个名词包含有一种理论上可以理解的内容的话，那么责任不在马克思，而在恩格斯。"②

其实，马克思和恩格斯是一个人又是两个人。

---

① ［英］罗伯特·塔克尔：《卡尔·马克思——他的思想从哲学到神话的发展》，英文版，第1页。

② 《吕贝尔论卡尔·马克思》，英国剑桥大学出版社1981年版。

★ 德国柏林马克思—恩格斯广场上的马克思和恩格斯雕像 多吱／供图

　　从逻辑角度分析，马克思和恩格斯是一个人，因为他们是同一种理论的共同缔造者，是一种主义、一种理论。

　　从历史角度分析，马克思和恩格斯是两个人。如果说马克思开始更多凭借德国古典哲学，而恩格斯则更多凭借政治经济学；马克思开始注意的是法国革命史，而恩格斯则关注 19 世纪 40 年代英国的现实。马克思以毕生精力解剖资本主义社会，创作《资本论》，恩格斯则在一段时期内从事自然科学的研究，创立了辩证唯物主义的自然观，并以军事辩证法的开创者载入史册。马克思不是恩格斯，恩格斯也不是马克思。他们是两个人，各有自己独特的贡献和风貌。

　　西方马克思学的某些人，把马克思和恩格斯的历史性差别夸大为理论上的对立。也就是说，在应该把马克思和恩格斯看成一个人，即同一种理论的共同创造者的地方，他们把马克思和恩格斯看成两个人，即两种理论，两种主义。项庄舞剑，意在沛公。所谓恩格斯是马克思主义的伪造者、所谓不同于马克思主义的恩格斯主义之类指责，真正的目的还在于马克思主义，企图把马克思主义当作恩格斯的"赝品"反对掉。可见，马克思和恩格斯的对立是两个马克思主义对立的另一种表现形式。

我们应该把马克思主义同马克思、恩格斯适当区分开来。马克思主义当然离不开马克思和恩格斯，它是由他们创立的，但又不能等同。马克思、恩格斯是创立这种学说的主体，而马克思主义是被客观化了的思想体系。马克思和恩格斯的生命是有限的，他们逝世于 19 世纪；而马克思主义作为一个思想体系，它按照自身的逻辑和规律发展，它的生命活动期相当长。因此，我们对马克思、恩格斯评价的尺度应该不同于对马克思主义的要求。

马克思主义中的死东西与活东西

　　理论界经常争论马克思主义的当代价值。你们采用的是什么方法，是从马克思主义中区分出哪些仍然有用，哪些已经过时？哪些仍然应该遵守，哪些应该抛弃？如果这样思考，方法论就不对头。

　　没有一个伟大思想家的著作中包含的是永恒不变的真理。随着时代的变化，后人都会探讨这些思想家的思想中哪些仍然是有价值的，哪些是过时的。1907年，意大利哲学家克罗齐曾提出过黑格尔哲学中的死的和活的东西的著名论断，表明任何思想家思想中都包含"死的东西和活的东西"。没有任何活的东西，思想家就失去存在的价值；没有死的东西，那就不是思想家而是永恒真理的化身。人类思想发展是思想积累、继承、创造的历史。积累和继承是对活的东西的肯定，而创造就是对死的东西的摒弃。

链接阅读

克罗齐（1866—1952）：意大利哲学家、历史学家、美学家，现代美学创始人。他的名言"一切历史都是当代史"被广泛引用。著有《美学原理》《美学的历史》《历史学的理论和实际》等。

我认为，这种关于死的东西和活的东西的区分的观点不适用于马克思主义。这并不是说，马克思主义是永恒不变的真理，而是因为马克思从不把自己的学说视为一成不变的教条，更非包医百病的万灵药方。因此，我们不能从马克思和恩格斯的书中挑出其中哪些是永恒不变的真理，是永远活的东西，而哪些已经死了，可以不必研究。活着的，抱住不放；死了的，弃而不用。这种对待马克思主义的态度就是违背马克思主义。

马克思主义本质并不是一系列真理的汇编，而是为我们提供观察分析问题的基本观点和方法。一个创造性的马克思主义者并不期待从马克思和恩格斯的原著作中寻找那些现成的不用费劲拿来就可以用的所谓"活的东西"，抛弃那些自以为无用的"死的东西"。我们应该从世界观和方法论的高度来看待马克思主义。如果以教条主义态度对待马克思主义，那全部马克思主义都是死的东西；如果以创造性态度对待马克思主义，那马克思主义就都是活的东西。

历史唯物主义的当代价值，讲的就是历史唯物主义作为历史方法论的价值，而不仅仅是某一具体论断的价值。历史唯物主义关于社会历史规律的思想、关于生产方式作为社会存在和发展基础的思想、关于阶级社会中存在阶级和阶级斗争的思想等，都具有方法论价值。可是这些思想并非可以轻易粘贴的标签，在运用时仍然要结合各国的具体实际。当标签用，就是死东西，不管它原本如何正确。当思想方法用，就都是活的东西。马克思主义是一个整体。马克思主义是活的马克思主义，是对马克思主义作为科学体系说的。只有寻章摘句，对号入座，才会说哪些有用，哪些无用，哪些是活的，哪些是死的。

马克思和恩格斯的著作都是在特定的历史条件下写的，都是基于当时时代的判断。正是在这些基于时代的判断中，包含着超越时代的真理性，这就是马克思和恩格斯之所以伟大之处。他们没有脱离时代，但又超越了时代。我只举一个例子，例如生产力发展的无限可能性与地球资源有限性的矛盾，是在20世纪下半叶因生态环境恶化才为人类所注意。"我们只有一个地球"的思想在20世纪下半叶才开始成为风行世界的口号。在马克思生活的时代，工业革命刚刚开始，人类为生产力仿佛从地底下涌现而惊愕不已，不可能提出资源有限性的问题。当时人类抱着生产力可以无限发展的乐观主义态度，不会产生地球会被科技毁灭的悲观主义的观点。马克思当时没有也不可能面对这个问题。因此，马克思当时对生产力的论证，重点是放在生产力发展对人类社会发展的作用及其重要性上。但我们能说马克思关于生产力的理论过时了吗？西方有些学者就是这样看的。他们批评马克思的生产力的乐观主义是错误的，已经过时，实际上是把马克思的生产力理论当成死的东西，予以抛弃。这种看法是错误的。

★ 描绘19世纪英国一家纱厂内景的绘画　江南/供图

生产关系：人们在物质资料的生产过程中形成的社会关系，是生产力诸要素结合的社会形式，即生产方式的社会形式。由生产资料所有制的形式、人们在生产中的地位和交换关系、产品分配的形式三个基本方面构成。马克思和恩格斯在《德意志意识形态》一书中，第一次使用了生产关系概念。生产关系范畴的提出，是历史唯物主义确立的基本标志。

马克思的生产力理论不是孤立的理论，它是与生产关系理论相结合的生产方式理论的一个方面。谁能由当代生态恶化，由自然对人类的报复而得出结论，说马克思的生产力理论是错误的？任何一个马克思主义理论家都能看到，在当代生产力的发展仍然是社会发展的推动器。生产力的落后意味着社会的落后，生产力发展的停滞意味着社会发展的停滞。在当代，科学技术被誉为第一生产力，正是由它在当代生产力中的地位决定的。生产力决定生产关系的理论仍然是历史唯物主义不可推翻的基石。撼动和抛弃生产力理论就是釜底抽薪，就是从根本上推翻历史唯物主义。

马克思重视生产力发展的重要作用，但没有忽视生产关系对生产力发展的反作用。马克思当时已经注意到，在资本主义登上历史舞台后，人与人的社会矛盾而非人与自然的矛盾处于突出地位。而人与自然矛盾的解决取决于人与人的社会矛盾的解决。因此，马克思在《1844年经济学哲学手稿》中，把对私有制的扬弃视为人与人的矛盾、人与自然的矛盾的解决方法。马克思当时是在社会关系范围内考察科技发展的负面效应的。只要读读马克思1856年4月16日在伦敦的著名演说，也就是他在《人民报》创刊纪念会上的那篇演说，我们就知道，马克思从没有说一个社会只要生产力发展一切问题就都可以得到解决；相反，他说由于生产关系的制约，生产力的发展、科技的进步会产生许多不合理的社会现象。马克思当时称之为异化。当然，当时正是资本主义发展上升时期，马克思不可能预见现在出现的生产力发展与资源有限的矛盾问题、生态严重恶化的问题，甚至地球会不会被毁灭的问题。但是，马克思把人与自然的关系放在人与人的关系范围内来考察，把生产力的发展放在与生产关系相互联系中来考察的原则，具有重要的方法论价值。在当代，谁要不理解对利润的无限追求、对资源的掠夺、千方百计满足不合理的高消费的生活方式对生态造成的危害，就是一点也不懂马克思主义。这不是生产力的罪过，而是制约生产力的生产关系的罪过，是在生产关系中处于主导地位的阶级或集团的罪过。

恩格斯曾讲到自然对人类的报复，讲到人类对自然的每次胜利都受到自然界的惩罚问题。恩格斯设想随着社会主义胜利，自然界对人类的报复问题即生态问题，可以随之解决。恩格斯的思路是正确的。但现实情况远非如此。社会主义中国的生态环境恶化并不次于西方资本主义国家，因为我们是后发展国家。当西方处于向外扩张的殖民发展期时，我们处于被剥夺发展权的半殖民地地位；当我们可以发展时，人类生态环境已为西方资本主义发展付出了沉重代价。我们是迟到的发展中国家，或被称为处于发展中的国家。我们与西方在生态问题上有共同利益，这就是人类同处于一个地球；可又有矛盾，这就是高度发展的资本主义国家和曾经的殖民地国家发展需要的矛盾。不放在历史唯物主义视野下，看不清楚这些问题。可是社会主义中国从人类命运共同体观点出发，仍然着力于治理生态环境，注意气候变化对人类带来的影响。我们提出既要金山银山又要绿水青山，就体现了社会主义生活方式的本质。

我们不可能从马克思和恩格斯的著作中发现地球毁灭的预言和求解之道，但我们可以从他们关于人、自然、社会相互关系的哲学论述中，

★ 浙江省台州市仙居县在习近平生态文明思想指引下，推进绿色发展。图为该县朱溪镇杨丰山村丰收的梯田与青山绿水、山村民居交相辉映，勾勒出一幅美丽的丰收画卷　中新图片／华文武

得到解答历史之谜的方法论原则。马克思主义的基本观点和方法，永远是活的东西。如果采用形而上学的方法，硬要区分马克思主义中的死的东西和活的东西，肯定会走向马克思主义过时论，即使被认为是活的东西，脱离具体条件，变为抽象真理，同样会由活的东西变成死的东西。其实，一些被认为是过时的论断，只要能理解得出这些论断的条件以及如何得出这些论断的方法，不原封照搬，就同样有用。

不要把马克思主义变为语录，变为由许许多多不同的论断组合起来的百科全书，随时供引用、查证。如果这样看待马克思主义，肯定会发现不能一一对号。所谓死的东西和活的东西的区分，就是由这种思想方法而来。

讲好马克思主义
就必须讲清楚"两个必然"

要想讲好马克思主义理论课必须啃硬骨头，敢碰现实中的困难问题。中国古人说教师的责任就是传道授业解惑。对我们来说，传道就是传马克思主义之道，授业就是以马克思主义为专业，而解惑就是要解决学生中存在的难题。不是面对问题而是照本宣科，学生当然不爱听。比方说"两个必然"的问题，即资本主义必然灭亡、社会主义必然胜利的问题，这是关系到整个马克思主义即政治经济学、哲学、科学社会主义的根本问题，这个问题不解决，马克思主义就站不住。所有反对马克思主义的人，无论国内国外都集中攻击这个问题。他们之所以在这个问题上做文章，是因为推翻了这"两个必然"，马克思主义就没有存在的根据。我们必须讲清楚这个问题。

马克思主义关于"两个必然"的理论，包括两个层次的判断：一是纯理论的判断，即资本主义由于

链接阅读

《〈政治经济学批判〉序言》： 马克思 1859 年 1 月为他的《政治经济学批判》一书写的序言，最早刊载于 1859 年 6 月出版的《政治经济学批判（第一分册）》。序言对历史唯物主义的基本原理作了精辟概括和经典表述，阐明了生产力和生产关系、经济基础和上层建筑之间的辩证关系，从而揭示了人类社会发展的最基本的规律，对无产阶级和各国共产党人进行理论研究和科学实践，都具有重大的意义。

它自身的矛盾——生产的社会性和生产资料私人占有的矛盾的激化，必然要过渡到社会主义，但是只要生产关系还能容纳生产力的发展，它就不会马上灭亡，这个论断完全正确。《〈政治经济学批判〉序言》对这个问题作过经典的表述。二是纯政治性的判断，即根据当时形势作出的关于某个国家革命爆发可能性的判断。例如，1848 年革命前夕关于德国革命的判断，就是由当时形势决定的。第一种判断是关于社会发展规律的判断，第二种判断是关于某一国家形势的预测，这种预测随着条件的变化可以失效。

所有马克思主义的反对者，都是借口第二种判断的失效来否定第一种判断，否定马克思主义。例如，美国哲学家宾克莱在《理想的冲突》中说，自从马克思去世以后，历史进程本身已经表明他所预言的革命并没有发生，这说明"两个必然"的论断已经过时，用他的话说，就是作为历史学家的马克思已经降到只能引起历史兴趣的被人遗忘的地步。美国社会学家米尔斯在他的著作《马克思主义者》中更是否定"两个必然性"观点，认为它是一种虚构，从封建主义到资本主义，以及资本主义到社会主义的序列，是马克思主义的理论和历史框架。但我们现在都必须加以修正：从先进的资本主义社会中并没有产生任何一种可能认为是马克思的社会主义。

我看了国内一位学者发表在香港报纸上的一篇文章，强调要用实践检验马克思主义，其中最重要的观点就是用否定第一个判断来否定马克思主义。他说：从马克思逝世到现在的 100 多年里，资本主义经济总的说来是在发展的，资本主义的生产关系仍能容纳生产力发展，资产阶级是推动生产力的阶级，当初无论是马克思还是列宁都过早地宣判了资本主义的死刑。因而这位学者鼓吹要对马克思主义进行修正。还有人在《告别革命》一书中攻击马克思主义犯了急性病，说什么马克思认为当时的西欧已是无产阶级世界革命的时代，其实当时整个世界正处在资本主义社会的前夕。所有这些都是借口第二个判断的失误来否定第一个判断，与所有历史上和当代西方反对马克思主义的人的调子是一模一样的。

要不要对资本主义宣判死刑和何时执行死刑是两个问题。正是马克思和恩格斯自己纠正了 1848 年前夕的估计，但仍然坚持对资本主义的基本理论分析。事实证明马克思和恩格斯的观点是正确的。恩格斯逝世后 20 多年发生了十月革命，随后在欧洲、亚洲发生了一系列革命，其中特别是中国革命，打开了资本主义世界的大缺口。不错，第二次世界大战以后，特别是 20 世纪 80 年代以来，西方发达资本主义国家发生了科技革命，生产力有较大的发展，工人的劳动条件和生活状

★ 1917 年，列宁领导十月革命取得伟大胜利，建立了世界上第一个社会主义国家。图为谢罗夫油画《列宁宣布苏维埃政权成立》 海峰／供图

况发生了较大变化，无产阶级革命处于低潮。但这不能说马克思关于"两个必然性"的论断已经失效，因为资本主义社会的基本矛盾依然存在。谁也不敢断言，西方发达社会不是以资本主义私有制为基础的社会，而是所谓信息社会，后工业社会，已经不存在阶级、阶级矛盾和阶级斗争。在我看来，资本主义社会生产力的发展和就业工人生活状况的某些改善，与它的必然灭亡之间并不是相互排斥的。由于资本主义社会的基本矛盾，在这个社会中一切都是相反相成的：它创造了摩天大楼和高级别墅，也不断地滋生着用硬纸板和铅皮搭成的贫民窟，以及不少的无家可归的流浪者；它发明了许多消灭疾病的新药，但又不断地滋生着吸毒等一些社会病态；它改造了自然又不断地破坏自然，把生态环境问题变成人类生存攸关的大问题。所以当代发达的资本主义社会处于尖锐的矛盾之中，一方面它是以往全部阶级社会中最具创造性的社会，同时又是最冷酷，最令人憎恶，把人与人的关系推入赤裸裸的利己主义的冰水之中的社会。它的生产力越发展，矛盾越大，越接近于死亡。资本主义社会生产力的发展，不是使它远离社会主义，而是更有条件过渡到社会主义。

有的理论者以苏联解体和东欧剧变来否定马克思主义，否定马克思主义关于"两个必然性"的论断，也是不能成立的。在我看来，它只不过是资本主义社会和社会主义社会斗争中的一个回合。这种

链接阅读

后工业社会：又称知识社会。1973年，美国哈佛大学教授丹尼尔·贝尔出版《后工业社会的来临：对社会预测的一项探索》一书，把美国社会发展划分为三个阶段：前工业社会、工业社会和后工业社会。其中，后工业社会包括三个特征：一是大多数劳动力从第一、第二产业转向第三产业；二是专业人员和技术人员在就业人员中比重迅速增长；三是技术的重大发展主要靠科学家进行理论探索等。

失败是回合中的失败，而不是最终的结局。谁也不敢断言，苏东事件已经成为最终结局。实际上像一幕戏一样，只是拉开了帷幕，斗争还在继续。如果说资本主义私有化获得成功，它必然产生一个新生的资产阶级，必然把原来处于主人地位的工人变为雇佣劳动者，从而开始新一轮的斗争；如果私有化不成功，经济混乱，生产下降，人民生活贫困，民怨沸腾，人们的怀旧情绪就会不断升温，人民会从自己的失败中更加认识到什么是社会主义，如何建设社会主义，从而更有利于复兴社会主义事业。正如邓小平所说："封建社会代替奴隶社会，资本主义代替封建主义，社会主义经历一个长过程发展后必然代替资本主义。这是社会历史发展不可逆转的总趋势，但道路是曲折的。资本主义代替封建主义的几百年间，发生过多少次王朝复辟？所以，从一定意义上说，某种暂时复辟也是难以完全避免的规律性现象。一些国家出现严重曲折，社会主义好像被削弱了，但人民经受锻炼，从中吸收教训，将促使社会主义向着更加健康的方向发展。"①

　　苏联解体、东欧剧变使得一些人对社会主义前途丧失信心，而西方资本主义的相对稳定和生产力的发展，又产生资本主义仿佛是永恒存在的错觉。资本主义是不是就是那么美妙？我们听听布热津斯基

链接阅读

布热津斯基(1928—2017)：美籍波兰裔学者，著名战略学家和外交家，在卡特政府时期曾任总统国家安全事务助理。

①《邓小平文选》第三卷，人民出版社 1993 年版，第 382—383 页。

怎么说。布热津斯基对社会主义是绝无好感的，对资本主义当然很赞成，人们对他的真诚不会表示怀疑。《大失败》一书表明他具有极其鲜明的政治立场和观察力，具有很强的预见性。可以说苏东事件与他的判断非常相近。然而，就是这位先生在他的新著《大失控与大混乱》中对资本主义的前途表示了极大的忧虑。他坦诚地承认资本主义的头号富国美国存在各种社会矛盾；他指责美国丰饶中存在纵欲无度，出于人为诱发的欲望而不是出于需要的消费，出于人为的刺激的欲望购买时髦货；他还批评美国的电视传媒，把强暴野蛮行为视为正常现象极力加以鼓吹，批评他们鼓励性乱行为以及迎合最低级的尽人皆知的本能。尽管欧洲的情况比纽约地铁的混乱可能好些，但也绝不是资本主义的天堂，在布热津斯基看来，今天的大多数欧洲人都热衷于追求很像美国消费主义者道德标准所界定的那种优裕的生活，他们新的神庙是超级市场和迪斯尼乐园，他们没有精神世界，充其量是美国的应声虫。

当然，我们可以把这个评论看作焦大骂贾府，但不管怎么说它确实说明资本主义处于困境，并不像某些东方人眼中的西方那样美妙。其实上述种种都只是现象，本质在于资本主义制度自身的基本矛盾。世界发展的趋势表明，全球问题的产生，能源问题、环境问题、人口问题等，在资本主义制度的框架内是无法彻底解决的。西方发达的资本主义国家采取高额

链接阅读

焦大：中国古典小说《红楼梦》中的人物，宁国府的老仆人。焦大对宁国府后代糜烂的生活深恶痛绝，他在喝醉酒后敢大骂他们。

税收的方式来缓和两极对立，维持一定的社会福利和社会保障，把消灭贫困作为自己的目标，这说明资本主义自身就蕴含着自我否定。可是由于它的经济政治制度，它的一切措施充其量是改良，而不可能从根本上解决矛盾。人类如果不愿因资本主义的矛盾激化而陷于绝境，必然要寻找根本解决矛盾的办法。出路何在？只有社会主义才能使资本主义摆脱困境。资本主义的前途就是社会主义，这就是历史和现实的结论。可见马克思主义关于"两个必然性"的理论，关于社会主义必然代替资本主义的论断，是完全正确的。

马克思主义理论课只要面对现实、面对问题，它的内容是非常丰富的。要面对实际、针对问题讲好马克思主义是很不容易的，教员本身必须关心实际，密切注视并研究实践中提出的问题。为此，必须认真读书学习。

但读书有个方法问题。我们是马克思主义理论教员，首先要读马克思主义的经典著作，读毛泽东和中国特色社会主义理论著作。对一些重要的原著应该认真钻研，我们阅读马克思主义原著不仅会为它们深刻的真理性所征服，也会学到他们优美的文风。读一读马克思发表在《莱茵报》上的评论吧，读一读《共产党宣言》《路易·波拿巴的雾月十八日》，读一读《反杜林论》和《费尔巴哈论》，我们不仅可以从中学到理论，学到分析问题的方法，而且可以学会写文章。不可抗拒的逻辑力量和优美文风的完美结合，

★ 1848 年 6 月 29 日，《新莱茵报》登载马克思的《六月革命》 海峰 / 供图

为我们树立了一个典范。

但又不能信什么读什么，我们是马克思主义教员，只读马克思主义的书，其他一概不读，弄得知识贫乏、眼界狭隘。我们应该读一些中国的传统文化的著作，读一些西方古代和当代的理论著作和哲学著作。此外，除了正襟危坐啃经典、啃专业书外，其他非专业书不妨随手翻翻，不要把自己搞得太狭窄，可以杂一点，除了专业书以外什么都不读，很难在理论上有多大创见。

光多读不行，还要思考。我们要站着读不要跪着读，要用脑子读不要仅用眼睛读，凡是我读的不管是对的错的，都要尽可能变成是我的，变成对我有用的。对的固然有用，可以增加我的知识；错的同样有用，知错之为错，能说出它错在哪里，应该怎样写不应该怎样写，这就是一种收获，大大的收获。读书最怕的是无论对错都说不出一个道理。读什么信什么，是非不清界限不明，这比不读更坏，《道德经》说"少则得，多则惑"，这里的"多则惑"，就是说明光读书不思考的结果。

在提高的问题上，教学与科研的矛盾是经常碰到的。我们要善于处理教学与科研的矛盾。其实，站在讲台上面对教学，只要是有心人，学生提出的问题，教学中经常遇到的难点、疑点都是进行科研的推动力量。谁能够对马克思主义理论课上经常碰到的或新出现的问题作出有分析的、有深度的回答，谁就能写出最有水平的文章。如果把教学与科研对立起来，把教学看作负担，浮皮潦草，敷衍塞责，对教学中的问题不研究不探索，既教不好学生也出不了科研成果。

时代需要培养大批高水平的马克思主义理论教员。我们把希望寄托在中青年一代身上。可以肯定，在新时代中国特色社会主义的伟大实践中，一定能涌现出优秀的马克思主义理论课人才。

中篇
马克思主义与中国

马克思主义哲学在中国的"困境"

　　为什么在社会主义中国，特别是改革开放以来，我们也会出现哲学被冷落的情况呢？20世纪50年代，中国人民大学哲学系的辉煌景象至今仍为人们称道。这不是个人的问题，而是社会经济转型使然。当市场需要成为社会经济生活中的主导力量，哲学必然处在社会主义国家和民族的需要、市场经济的需要、个人的需要这三者之间产生的巨大裂痕的夹缝之中。哲学正在夹缝中苦苦奋斗。

　　从国家需要来说，社会主义中国不仅需要物质财富，物质不能贫困；同样需要精神财富，精神也不能贫困。物质贫穷不是社会主义，精神贫穷同样不是社会主义。社会主义中国需要发展哲学。精神是民族的灵魂，是一个民族能否持续发展的精神动力。一个没有哲学思维的民族，很难自立于世界民族之林。一个有远见的民族和国家的领导人，一定会重视哲学。

毛泽东是非常重视哲学的，他自己就是一个伟大的哲学家。习近平总书记同样高度重视哲学社会科学，他在哲学社会科学工作座谈会上的讲话中历数的中外文化名人中，不少就是哲学大家。他在主持十八届中央政治局集体学习历史唯物主义基本原理和方法论时的讲话中强调，"党的各级领导干部特别是高级干部，要原原本本学习和研读经典著作，努力把马克思主义哲学作为自己的看家本领"[1]。应该说，我们的党、我们的国家是高度重视哲学社会科学的。习近平总书记也非常重视中华优秀传统文化，尤其是其中的哲学智慧。随着封建君主制的结束，儒家作为国家主导意识形态的功能已不复存在，但其中包含的丰富的道德伦理和治国理政思想，仍然是中华民族优秀传统文化的重要构成部分。中国共产党继承儒学中的优秀文化，但不会延续儒家道统。在中国共产党及其领导人心中，马克思主义哲学，包括中外优秀哲学智慧占有着极其重要的地位。

★ 毛泽东哲学著作《矛盾论》《实践论》书影

可是，市场经济的需要与国家的需要存在着较大的不同。市场经济对于推动生产力的发展，增加社会物质财富，解决商品短缺和匮乏具有重大作用。社会主义社会同样要建立市场经济，这是生产社会化的历史必然。中国有 14 亿多人口，发展经济仍然是第一要务。市场经济下财富的积累，有助于发展社会主义

---

① 《习近平关于全面建成小康社会论述摘编》，中央文献出版社 2016 年版，第 192 页。

文化的投入，从而有助于哲学社会科学的发展。但是市场经济就其本身的主导作用来说，一定会把那些能直接为资本获得最高效益的学科推到前台，而把不能直接为市场需要的学科往后挤。无论是私人资本还是集体资本都是一样的。对"无一技之长"的哲学来说，要在受市场支配的各个行业中找到充分就业的位置，很难。在市场需要的指挥棒下，高校各个不同学科冷热排名的洗牌是难以阻挡的。企业要获得最大效益，当然急需为获得最大效益服务的学科的毕业生。资本对科技的需要，或者对财会人员的需要，对法律的需要，对经济、金融、管理、投资、证券等各种专业人才的需要，肯定要比对一个亚里士多德式人才的需要更为迫切、更为现实。这无关企业家的个人爱好。一个企业家，其个人可以非常喜欢诗歌、喜欢文学、喜欢哲学，这是他个人的爱好，但资本的本性并不喜欢文学、诗歌、哲学，而是喜爱利润，除非文化产品能转变为文化商品，能为资本带来巨大的利润。对市场来说，具有决定意义的是资本的本性，而不是作为资本人格化的个人的嗜好。任由资本选择，把并非市场急需的学科或人才往后挤，这是资本运作的铁的规律。

个人的需要与市场经济的需要、国家的需要又不完全相同，它既有个人兴趣和爱好的问题，又有谋生的问题。但在市场经济条件下，个人对专业的选择会受市场经济影响，甚至会受市场需要的支配。对许多学生包括考生家长来说，个人需要的标准，最好的学科往往就是能在市场上找到最好岗位的学科，而最好的岗位就是工资最高、待遇最好的岗位，这是个人生活的现实需要。这种完全以市场为导向的专业选择，往往会压制个人的兴趣和爱好。一切为生活而奋斗、为工资而奋斗，对人文学科的发展是极其不利的。这也就是黑格尔说的，人们太重视尘世的利益，而对精神活动的价值越来越疏远。

这三种需要，即国家民族需要、市场需要、个人需要存在的矛盾形成一个夹缝，哲学就处在这个矛盾的夹缝之中。往往是市场的需要和受市场影响下个人就业的需要，压倒许多人对哲学的爱好、对精神的需求，压倒个人的兴趣和可发掘的哲学潜在才能。与哲学谈谈"恋爱"可以，要与哲学"结婚"，终身以哲学为业、过清寒的生活，没有费尔巴哈那种绝对的爱好和价值理想追求，是很难做到的。

国家和民族的需要，代表的是民族的整体发展的需要；市场的需要，是企业经济效益的需要；而个人的需要，是满足个人现实生活的需求。按道理说，在这三种需要中，最重要的是国家和民族的需要。国家代表的是全体人民，它的需要是全面的。既要考虑经济发展，又要考虑人民的整体的人文和道德素质。社会主义核心价值观体现的就是家国情怀，是国家、集体、个人的统一。社会主义国家的目光是长远的，它要考虑到民族的发展和前途，考虑到中华民族伟大复兴、中华民族优秀传统文化的复兴，考虑到全体中国人的人文素质提升和中华文明的发展。

对于国家和民族来说，一个贫困而有卓越成就的哲学家对民族精神的贡献，是任何一个亿万富翁、任何达官贵人都无法相比的。人们至今仍然记得古希腊罗马的那些大哲学家，苏格拉底、柏拉图、亚里士多德，记得中国的孔孟老庄。孔子靠收学生的 10 条腊肉学费艰难度日，庄子穷得

链接阅读

苏格拉底（公元前 469—公元前 399）：古希腊哲学家，西方哲学的奠基者。出生于雅典一个石匠家庭，曾入选雅典"五百人议事会"，在逻辑学、伦理学、政治学等方面提出过许多真知灼见。公元前 399 年，被雅典法庭以反对神灵和蛊惑青年的罪名判处死刑。苏格拉底在古希腊哲学发展中起着承前启后的作用。

柏拉图（公元前 427—公元前 347）：古希腊哲学家，出生于雅典一个贵族家庭，是苏格拉底的学生，亚里士多德的老师，三人并称为"希腊三贤"。公元前 387 年，在雅典创建学园，从事哲学探讨和科学研究，形成柏拉图学派，对西方产生了深远影响。著有《理想国》《政治家》《苏格拉底的申辩》等。

★ 描绘苏格拉底在服毒芹之前，无畏地和追随者交谈的绘画　文化传播／供图

借米下锅，但他们对民族的贡献是无与伦比的。他们是民族精神的塑造者，是民族永远的骄傲。市场中企业的需要是追求现实的经济效益，是近期的；个人的需要往往是当下生活改善，是短视的。一个真正对哲学具有高度爱好和兴趣的人，不应该仅仅为了高工资而牺牲自己的爱好。真正在学术上有成就的人，他们不会屈从世俗鄙视的目光，也不会只关注自己的物质生活，而更重视自己的兴趣、爱好和才能，重视对国家、对民族的贡献。

在市场经济条件下，个人对专业的选择应该重视理想和信仰追求。前面提到的费尔巴哈不顾法学家父亲的反对选择哲学，终于成为对人类作出伟大贡献的哲学家。马克思的父亲也是律师，马克思在波恩大学、柏林大学读的都是法律专业。

★ 马克思的博士学位证
书　中新图片 / 彭大伟

随着资本主义的发展，学法律当然比学哲学吃香。马克思虽然读法律，但他对哲学可以说是痴迷。他在波恩大学钻研康德、费希特，后来转向黑格尔，如醉如痴，几近疯狂。他在给父亲的信中倾诉了对哲学的"钟情"——"没有哲学，我就不能前进"①。转到柏林大学后，更是如此。马克思终于成为马克思主义的缔造者，成为千年伟人。如果像费尔巴哈和马克思这样的天才人物，屈从世俗观念，追求所谓体面生活，也许多了一个后世不知其名的费尔巴哈律师，少了一个在哲学史上重新恢复唯物主义权威的伟大哲学家；多了一个子承父业的马克思律师，少了一个新哲学创造者。

　　资本主义发展史证明，物质欲望的膨胀和对消费

①《马克思恩格斯全集》第四十卷，人民出版社 1982 年版，第13 页。

的无限追求，可以使一些有才能的人由于屈从物质生活而牺牲自己的哲学才能。这种情况，在我们这里也难以完全避免，但有志气的青年应该具有更远大的眼光。我总是劝自己的学生认真读读马克思的中学毕业论文《青年在选择职业时的考虑》，这对市场经济条件下如何选择职业有指导意义。马克思说，"选择一种使我们最有尊严的职业；选择一种建立在我们深信其正确的思想上的职业；选择一种能给我们提供广阔场所来为人类进行活动、接近共同目标（对于这个目标来说，一切职业只不过是手段）即完美境地的职业""如果我们选择了最能为人类福利而劳动的职业，那么，重担就不能把我们压倒，因为这是为大家而献身；那时我们所感到的就不是可怜的、有限的、自私的乐趣，我们的幸福将属于千百万人，我们的事业将默默地、但是永恒发挥作用地存在下去，而面对我们的骨灰，高尚的人们将洒下热泪"。①

哲学需要有孔颜乐处的精神。哲学家个人的清苦和贫困顶多是个人的不幸，而如果一个民族的哲学贫困，则是整个民族的不幸。我们至今仍然对中华民族历史上众多哲学家怀有一种民族自豪感，原因正在于此。

①《马克思恩格斯全集》第四十卷，人民出版社 1982 年版，第 6—7 页。

马克思主义必须中国化

既然马克思主义"放之四海而皆准"，那有什么必要中国化呢？马克思主义是普遍真理，可马克思主义所面对的国家、面对的问题是具体的、变化的。可以说，马克思主义是普遍的，各国马克思主义者所要解决的问题是特殊的。各国的马克思主义者都是在自己国家活动的，都是解决自己国家和民族面对的问题的。既不能借米下锅也不能越俎代庖。各国的问题永远是具体的。立足实际就是立足问题，立足变化着的实际就是立足变化着的问题。马克思主义的真理性在于它不是包治百病的药方，而是观察问题的基本理论和方法。中国的问题需要中国革命者自己解决。马克思主义基本原理是解决问题的思想理论武器，而不是提出供解决一切现成问题的结论。所谓中国化，就是运用马克思主义基本原理，从中国的问题中寻找适合中国的解决方法。离开了中国化的马克思主义，就会成为毛泽东批评的"无的放矢"。"矢"和"的"结合才能是一次完整的射击活动。"无的放矢",任何人都可以自称为神箭手,正如不解决任何实际问题,都可以自称为理论家一样。

马克思主义普遍原理具有当代性的根本之点,在于马克思主义基本原理,在于它的世界观和方法论具有当代适用性。无论是对当代资本主义世界的分析、对中国特色社会主义建设中问题的分析,还是对当代科学技术发展中问题的分析,马克思主义哲学作为世界观和思维方法都仍然是最有效的工具。马克思主义中国化的本质是马克思主义基本原理与中国具体实际相结合、与中华优秀传统文化相结合,而不是执着于马恩文本中的一字一句的解读。

坚持马克思主义基本原理,就要坚持发展着的马克思主义。因为马克思主义基本原理的有效性,充分体现在它自身具有的与时俱进的创造性上,所以坚持马克思主义基本原理绝不是教条主义。我们应该在马克思主义基本原理上下功夫,在马克思主义与中国具体实际相结合上下功夫。不要在马克思和恩格斯文本中的一字一句上争论不休,应该把马克思和恩格斯经典文本的研究作为正确理解马克思主义基本原理的思想资源。文本是已经过去的历史文献,它具有明确的写作年代。写于某某年的意义就是它的时间限定。而原理是文本中已经规律化的思想精华,在实践中不断受到检验、丰富和发展的是马克思主义基本原理而不是文本中的一字一句。任何一个马克思主义的后继者都无权修改马克思和恩格斯的文本,但我们有权而且必须结合实际丰富和发展马克思主义基本原理。所谓马克思主义中国化,指的是原理与中国具体实际结合而产生的原理的发展。文本永远不可能中国化,翻译必须尊重原著,我们一定要区分马克思主义的文本观与西方唯心主义解释学家对待马克思主义文本的不同观点。

★《马克思恩格斯全集》(第 1 版)第 1—50 卷书影

就苏联来说,列宁树立了马克思主义与俄国实际相结合的光辉榜样,产生了列宁主义,列宁主义既具有俄国特色又具有国际意义。但苏联共产党并没有确立马克思主义必须俄国化的理论观念和实践观念。斯大林过早改变了列宁的新经济政策,没有充分考虑俄国经济和文化落后的实际,试图完全按照马克思和恩格斯关于社会主义基本特征和基本原则来改变苏联的现实,过急过快地消灭了资本主义私有制和包括工业和农业在内的个体经济。由于苏联共产党的政治优势和处于革命早期获得解放的工人和农民的政治支持以及高度集权的力量,在斯大林时期,苏联在社会主义建设方面取得了重大成就,但也犯了教条主义和"左"的错误。没有马克思主义必须俄国化的理论和实践观念,没有一条与苏联实际情况相结合的社会主义建设路线,虽然在短期内可以取得成就但后劲乏力。事实上,在斯大林逝世以后,在清算斯大林个人迷信的口号下,苏共逐

链接阅读

列宁主义:帝国主义和无产阶级革命时代的马克思主义。"列宁主义"一词最早出现于 1903 年俄国社会民主工党第二次代表大会之后,1924 年斯大林在《论列宁主义基础》一书中首次系统论述了列宁主义,并为它作出了明确的定义。列宁深入研究了资本主义发展到帝国主义阶段的规律,总结了无产阶级和资产阶级斗争的新经验,创造性地运用和发展了马克思主义,创造性地把马克思主义推进到一个新阶段,即列宁主义阶段。

步走上了全面复辟资本主义的不归之路。

马克思主义应该与实际相结合，单纯作为一个原理看，任何马克思主义者都耳熟能详。但中国共产党根据自己的经验把它化为具有中国特色的马克思主义中国化命题。马克思主义中国化，不单纯是马克思主义必须与实际相结合的一条理论原则，而且是必须路线化、政策化和方针化的实践原则。中国共产党是世界共产党中唯一经过近 30 年浴血奋战夺取政权的党；是革命胜利后在近 30 年中探索走自己的路、建设社会主义的党；是在社会主义基本经济制度和政治制度奠定后主动进行社会主义自我改革的党。中国共产党在革命、建设、改革过程中，始终坚持马克思主义中国化的理论和实践。

在民主革命时期，马克思主义中国化在理论上表现为中国新民主主义革命理论，而在实践上表现为符合中国实际的农村包围城市的革命路线；在社会主义建设时期，它表现为毛泽东关于中国社会主义建设的一系列理论，而在实践上表现为对民族资产阶级的和平赎买，对民族资产阶级采取团结改造的统一战线的方针；改革开放以来，马克思主义中国化在理论上集中表现为中国特色社会主义理论，而在实践上则表现为中国特色社会主义道路。总之，中国共产党创造性地提出马克思主义中国化原则，既坚持马克思主义必须与实际相结合的基本原则，又具有中国特色。100 年来，中国革命、建设和改革的

链接阅读

马克思主义中国化：将马克思主义基本原理同中国具体实际相结合，不断形成具有中国特色的马克思主义理论成果的过程。具体地说，就是把马克思主义基本原理同中国革命、建设和改革的实践结合起来，同中国优秀历史传统和优秀文化结合起来，既坚持马克思主义，又发展马克思主义。

只有以马克思主义为指导才能变革中国社会

近代中国革命历经失败，实现中华民族伟大复兴这个任务最终落在中国共产党的肩上。中国这个"旧邦"要复兴，中华民族要改变自己的命运，不可能再沿着过去改朝换代的老路走，沿着历史上尊孔读经的老路走。

中国是一个古老的国家，可当代中国是不同于传统中国的社会主义形态下的中国。中国共产党负有新的历史使命，这就是中华民族的伟大复兴。要走一条坚持马克思主义思想理论指导的道路。中国社会主义制度的确立是社会形态的根本变化，这是中国历史上几千年未有的大变化。秦统一中国之后的 2000 多年，中国历史的变化本质上是同一社会形态内部的变化。王朝易姓，改朝换代，都没有改变中国社会形态的本质。经济结构、政治结构、文化结构当然有变化，但都具有同一社会形态的历史继承性和延续性。在中华民族的开化史上，有素称发达的农业和手工业，有许多伟大的思想家、科学家、发明家、政治家、军事家、文学艺术家，有丰富的文化典籍；历史上出现过儒释道的相互吸收，也出现过新儒家，但儒学道统始终未变。在2000多年中，孔子是王者师，是素王，这个至高无上的圣人地位没有因为王朝易姓而发生根本变化。新王朝依然尊孔读经，依然看重儒家学说作为维护社会正常秩序和统治合理性的首要思想功能。

清末，中国社会处于崩溃前夕。近代历史上出现过不少以身许国流血牺牲的仁人志士，可是中华民族的命运并没有改变。面临西方资本主义列强入侵，处于风雨飘摇没落时期的中华民族，无论藏书楼中有多少传世的经典宝鉴，传统文化中有多少令世人受用无穷的智慧，儒学中的正心诚意、修齐治平的道德修养和治国理政观念如何熠熠生辉，都不可能避免中华民族被瓜分豆剖的命运。历经失败，最终实现中华民族伟大复兴这个任务，落在中国共产党的肩上。中国这个古老大国要想复兴，改变中华民族的命运，救人民于水深火热之中，不可能再沿着历代改朝换代的道路走，沿着历史上尊孔读经的道路走。

中国共产党成立的首要任务是革命，是推翻压在中国人民头上的三座大山，打倒帝国主义、封建主义和官僚买办，解放全中国，建立一个和历代王朝不同的社会主义新中国。这已经不再是历代封建王

链接阅读

儒释道："儒"指的是孔子开创的儒家学派；"释"指的是佛教，是世界三大宗教之一；"道"指的是以先秦老子关于道的学说为中心的道家学派，以及以道家学说和神仙思想为主、广泛吸收中国古代文化思想的道教。

朝的延续和更替，而是社会形态的变化。要实现这个任务，从思想理论指导角度说，只有马克思主义才能发挥这个作用，因为马克思主义就是关于社会形态革命的学说。它的辩证唯物主义和历史唯物主义哲学、劳动价值论和剩余价值学说，以阶级斗争和无产阶级专政为核心的科学社会主义学说，是一个严整的、科学的思想理论体系。只有它才能为中国共产党如何解决中国问题，照亮处于危亡之际的中国，为沦为半封建半殖民地的中国找到一条中华民族的复兴之路。中国民主革命的胜利，就是马克思主义中国化的胜利，就是马克思主义与中国实际相结合的胜利。这条道路是通过阶级斗争和武装斗争，通过血与火的斗争，生与死的决战，以千百万人的流血牺牲取得的。这是一条推倒既有社会秩序、等级、法统、道统的"犯上作乱"、革命造反之路，是与儒家和新儒家倡导的修齐治平、内圣外王、返本开新迥异的道路。

★ 1921年7月，中国共产党第一次全国代表大会召开，宣告中国共产党正式成立。图为何红舟、黄发祥油画《启航——中共一大会议》海峰/供图

在革命胜利之后，中国共产党用了 70 多年寻找中国社会主义建设和改革之路。同样只有运用马克思主义的基本理论和方法，结合中国的实际才逐步弄清社会主义初级阶段生产力与生产关系、经济基础与上层建筑的关系，解决什么是社会主义、如何建设社会主义，找到建设中国特色社会主义之路。中国特色社会主义理论、道路、制度、文化的建设，就其指导思想理论来说都是马克思主义，是马克思主义和中国实际的结合。

在讨论马克思主义和以儒学为主导的中国传统文化关系时，决不能忘记社会形态变革这个重大的历史和现实问题，不能忘记"旧邦新命"。马克思主义是无产阶级的阶级主义，是为无产阶级和人类解放而斗争的主义；马克思主义立足点是阶级、阶级关系和阶级斗争，而儒学是处理以宗法制度为基础，以血缘为纽带，以家庭为细胞的人与人的关系。儒学学说中没有阶级，只有君子与小人之别。这是以道德为标准的区别，而不是阶级区别。封建社会也有穷人和富人，这种区别在儒家看来只是贫和富的区别，而非阶级区别。儒家处理等级关系的方法，是正名；处理贫富关系的方法，是"贫而无怨，富而无骄"。马克思主义处理的是阶级关系，儒学处理的是同一社会内部的君臣、父子、夫妇、兄弟、朋友关系，即所谓五伦关系，而非阶级对抗关系。因此，马克思主义强调阶级斗争和夺取政权；而儒家强调用"仁"与"和"稳定既成的社会关系。如果不懂得这个根本出发点，就无法理解登上中国政治舞台的中国共产党，为什么不能继续沿着儒家铺就的道路作为中华民族的复兴之路，而要举起马克思主义旗帜。

▌ 马克思主义是指导而不是取代民族文化

中国要革命，要变革，要走出民族存亡绝境，就必须以马克思主义为思想理论指导。但马克思主义不能取代中国传统文化。中国共产党人即使在激烈的革命时期，无论是在中央苏区，还是后来在延安，都关注文化建设，也关注中国传统文化的教育。毛泽东在《中国革命和中国共产党》《新民主主义论》《改造我们的学习》等著作中都论及如何对待中国传统文化的问题。尤其是《中国共产党在民族战争中的地位》一文中在讲到学习时，毛泽东强调："学习我们的历史遗产，用马克思主义的方法给以批判的总结，是我们学习的另一任务。我们这个民族有数千年的历史，有它的特点，有它的许多珍贵品。对于这些，我们还是小学生。今天的中国是历史的中国的一个发展；我们是马克思主义的历史主义者，我们不应当割断历史。从孔夫子到孙中山，我们应当给以总结，承继这一份珍贵遗产。这对于指导当前的伟大的运动，是有重要

★《中国共产党在民族战争中的地位》书影

的传统文化包含着丰富的治国理政、立德化民的智慧。必须研究中国历史上治国理政的经验和中国传统文化，尤其是儒家学说中注重社会和谐和民本的治国理政的智慧，研究如何立德兴国、教民化民。如果说改革开放前30年有什么教训的话，我认为我们缺少这个方面。从反右派斗争到"文化大革命"发动全国进行群众性的斗争，仍然可以看到"马上得天下，马上治之"的方式。党内党外仍然处在紧绷的斗争之中，剑拔弩张，伤害了一些人。正是从这个教训中，我们理解了依法治国的重要性，理解了中国传统文化中优秀治国理政智慧的重要性，大力倡导培育和践行社会主义核心价值观，推进全面依法治国，实现"马上"夺权到"马下"治国的精彩转身。对于一个民族来说，最有效的学习就是从自己的错误中学习。中国特色社会主义建设就是在不断总结经验中发展和前进的。

在当代中国文化建设中，马克思主义的指导地位表现为世界观和方法论的指导。马克思主义来自西方，可中国化的马克思主义不同，它就是中国文化，是当代中国文化最重要的部分。毛泽东思想、邓小平理论、"三个代表"重要思想、科学发展观以及习近平新时代中国特色社会主义思想都不是舶来品，而是中国人把马克思主义普遍真理与中国具体实际相结合、与中华民族优秀传统文化相结合的创造。它既以马克思主义为指导，具有马克思主义关于一般规律学

链接阅读

舶来品：指通过航船从国外进口来的物品。旧时外国商品主要由水路用船舶载运而来，故名。引申为国外的东西，可以是一种文化，也可以是本国没有，从外国引进来的东西或技术。

说的科学特性，又具有同中国国情相结合，扎根于中国文化土壤的民族特色。中国革命者接受马克思主义，并不是用它来取代中国文化，而是把它作为科学的宇宙观和社会革命理论，作为观察国家命运的工具。通俗地说，就是把它作为一种解决中国问题的立场、观点、方法。

中华民族文化复兴的口号是繁荣和推进社会主义先进文化的口号，而不是文化复古的口号。社会主义先进文化的本质特征在于其指导思想是马克思主义的。之所以要强调马克思主义的指导地位，一方面决定于马克思主义自身的科学性、阶级性、实践性，另一方面决定于我们制度的社会主义性质和中国共产党人的历史使命。

按照历史唯物主义关于经济基础与上层建筑的原理，建立在社会主义经济基础之上、反映社会主义经济制度和政治制度的观念形态的文化，当然应该是社会主义的。社会结构是有机的，它不可能是经济、政治、文化相互对立、相互排斥的任意选择性的结构。在社会主义经济基础之上建立一个以非马克思主义甚至反马克思主义思想为指导的文化形态作为上层建筑，是不可能的，也是不可思议的。适应社会主义经济基础的文化结构的社会主义性质，集中地表现为马克思主义在意识形态中一元化的指导地位。但是，当代中国文化建设并不会因为以马克思主义为指导而失去其民族特性。离开中华民族的文化传统，社会主义先进文化建设就会成为一句空话。毛泽东曾说过，"我们信奉马克思主义是正确的思想方法，这并不意味着我们忽视中国文化遗产和非马克思主义的外国思想的价值。中国历史遗留给我们的东西中有很多好东西，这是千真万确的。我们必须把这些遗产变成自己的东西"①。社会主义先进文化建设，就是以马克思主义为指导，从中国传统文化中（当然也包括西

---

① 《毛泽东文集》第三卷，人民出版社 1996 年版，第 191 页。

方优秀文化）取其精华，去其糟粕，变为与社会主义相适应的当代中国文化。

在运用历史唯物主义基本原理时，我们一定要注意不能脱离具体社会把马克思主义关于经济基础与上层建筑的理论模型化、同一化、公式化。社会经济形态中经济基础与上层建筑的关系具有规律性和共同性，但属于同一种社会形态的具体社会又是各有特点的。社会经济形态与具体社会不能简单等同。社会经济形态是同一种社会发展的阶段性的共性，而现实社会则是具体的、多样的。同样属于资本主义社会形态，美国、欧洲以及亚洲各国的资本主义社会各有特点。马克思指出，"相同的经济基础——按主要条件来说相同——可以由于无数不同的经验的情况，自然条件、种族关系，各种从外部发生作用的历史影响等等，而在现象上显示出无穷无尽的变异和色彩差异"[1]。马克思从来没有要求人们根据他在 1859 年《〈政治经济学批判〉序言》中关于经济形态的演进规律来剪裁历史。相反，他极其强烈地反对这种历史观。

经济基础与上层建筑关系原理体现于具体社会的丰富性，在民族文化多样性上得到了最鲜明的表现。正因为文化具有民族性，因而在各民族的文化中，文化的各种形态，从风俗、习惯、交往礼节等世俗文化，到哲学、道德、法律、宗教等精英文化，都各有特点。我不太同意现在流行的笼统的东西文化比较或东西哲学比较，因为没有统一的抽象的东方文化，也没有笼统的西方文化。即使是东亚也包括中国、日本、朝鲜、韩国等，而西方欧美也包括很多国家，何况每个国家中还有不同的民族和种族以及地区性文化。即使我们采用汤因比以文明为单位的分析方法，实际上也是对各种文明圈的某些共同特点的分析。例如，我们可

①《马克思恩格斯文集》第七卷，人民出版社 2009 年版，第 894 页。

把历史发展分成若干种文明形态，如游牧文明、农耕文明、工业文明、生态文明之类，或把文明圈形态作为历史研究单位，但任何文明圈的划分都不可能消除文化的民族性，我们不可能把一个民族的文化划入所谓共同的文明圈。文化的特点始终是民族的。至于文化传播和影响是另一回事。例如，儒家文化对中国周边国家产生了影响，但也不可能把其他受儒家影响的民族文化划为儒家文明圈。

中国特色马克思主义中的民族文化因素

马克思主义当然不能取代中华民族自己的文化和传统。但马克思主义传入中国后与中国实际包括文化传统相结合逐步形成中国化的马克思主义。这种马克思主义是具有中国特色、中国风格的马克思主义。这种马克思主义不能看成是与传统文化迥然不同的外来的思想，而应该看成既坚持马克思主义又具有中国特色的中国化的马克思主义。百年的历史证明，孔子不可能救中国，儒学也不可能救中国。指导中国社会走出困境、让中国举世瞩目的是马克思主义指导下的革命、建设和改革。孔子依然是那个孔夫子，可是在列强入侵、中国处在瓜分豆剖下的孔夫子，和当今在世界人民心目中的孔夫子显然不同。我一直认为，没有一个强大的中国，就没有一个为世人尊敬的孔夫子。孔子学院在海外的建立，是中国改革开放以来社会主义经济发展、国际地位提高的表现。历史明摆着，孔子没有救中国，儒学

也没有救中国，倒是当代社会主义中国把孔子推向更广大的世界。

　　当无产阶级和人民当家作主以后，完全可以汲取孔子为处于统治地位的政治家设想的治国平天下方案中有价值的东西，有分析地拿来为自己服务。毛泽东说过，从孔夫子到孙中山都要总结，就包含这层意思。后来他在"文化大革命"中又说，"孔子名高实秕糠"，对孔子采取否定态度。这与当时他在"文化大革命"中的错误是不可分的。的确，我们只有从自己与时代的关系考察对孔子和儒学的态度，才能理解孔子形象的多变性。把孔子学说说成是"不变的天道"，与各自的时代无关，这只是一种理论幻觉。

　　中华民族文化要复兴，但不是复古。其实，在任何社会复古永远是不可能的。古，意味着过去。历史

★ 孔子学院自创办以来，累计为各国数千万学员学习中文、了解中国文化提供服务，在推动国际中文教育发展方面发挥了重要作用，成为世界认识中国的一个重要平台。图为2018年第十三届孔子学院大会会场　中新图片 / 安源

是过去了的社会形态，永远不可复制。复古，无论是托古还是仿古，无非是对现实或现实某一方面不满的一种态度。中国传统文化要继承，但还是毛泽东说的那个原则：取其精华，去其糟粕。精华与糟粕究竟是原有的，还是后人区分的？这当然要分析。如果中国传统文化没有精华与糟粕，完全是后人根据自己的需要来决定的，这等于说任何时代的文化在原本意义上无是非好坏之分，这种区分都是后人解读出来的。这太绝对。事实上，一种思想体系在它产生的时期就已包含它那个时代的精华与糟粕。比如"和为贵"，如果不论条件一味强调"和为贵"，显然是右的甚至是投降主义。可如今，时代条件和我们面对的历史使命变了，"和为贵"这个命题的内容与应用的可能性也发生了变化。能够理解这种变化的，并在不同条件下对同一命题采取不同态度的，并不是"和为贵"的命题本身，而是马克思主义的唯物辩证法。

在社会主义中国，指导思想只能是马克思主义，而社会主义建设的道路和实现方式只能是马克思主义与中国实际相结合，即马克思主义中国化。把马克思主义与中国传统文化对立起来是错误的。文化复兴本来包括文化继承与文化创新不可分的两个方面：在继承中创新，在创新中继承。我们不能数典忘祖，但也不是狭隘的民族主义者。我们尊重我们自己的文化传统，尊重我们民族的文化伟人。这个原则绝不能因某些复古思潮而动摇。但我们要分清继承与复古的界限，特别是在以什么理论和方法作为我们的指导思想的问题上绝不能迷失方向。例如，我们现在都赞叹"天人合一"的思想如何博大精深，实际上我们是不自觉地用马克思主义观点在改造它的原意，把"天人合一"解释为人与自然的和谐，按照马克思主义关于人与自然关系的理论以及当代生态学的成就来解读"天人合一"。实际上在中国传统哲学特别是儒学中，"天人合一"的思想是极其混杂的。"天"，可以是"意志之天"，天主宰一切，这是天命论的思想；"天"，也可以是"义理之天"，即"天"是一切道德原则的源泉，所谓"天道"是人间道德的最高依据；还有则是"自然之天"，例如，荀子的"天行有常，不为尧存，不为桀亡"。而恰恰唯物主义者并不主张"天人合一"，主张"天人相分"，主张"制天命而用之"。所以"天人合一"中既有好的东西，也有天人感应、灾异说之类的神学唯心主义的东西。"天人相分"中既有坚持唯物主义、反对唯心主义和神秘主义的东西，又有可能导致不尊重自然规律性的东西。我们现在对儒家有关天道与人道中一切唯心主义的、抽象人性论的东西讳而不言，把各种不同的"天人合一"学说统统都塞进人与自然的框子里，按照马克思主义关于人与自然和当代生态学的思路去解释。其实，这已经不是儒家的原意，而是对"天人合一"的现代解读版。在当代，剔除它的"天人合一"唯心主义成分，突出人与自然的关系当然可以，但要说原本就这样，很难令人信服。一个几千年前在人与自然比较和谐的农业社会的思想家，就已经预见到工业社会人与自然的关系的恶化，把人与自然的和谐作为一个突出问题来加以强调，这有点强古人之所难。我们这样说，丝毫无损于中国传统文化的光辉。但我们一定要区分原本的意义与后人的解读，千万别在西方解释学的鼓噪中，失去最起码的实事求是的科学精神。

毛泽东运用历史唯物主义观点分析中华民族的

链接阅读

工业社会：又称现代社会，是西方学者根据社会的产业技术形态划分的社会发展阶段之一，指的是通过工业革命，以机器化大生产占主导地位的社会形态，是继农业社会（又称传统社会）之后的社会发展阶段。

传统文化，强调"要把封建主义的东西和非封建主义的东西区别开来。封建主义的东西也不全是坏的。我们要注意区别封建主义发生、发展和灭亡不同时期的东西。当封建主义还处在发生和发展的时候，它有很多东西还是不错的"[1]。他还强调，我们民族好的东西，一万年也不要搞掉，"搞掉了的，一定都要来一个恢复，而且要搞得更好一些"[2]。遗憾的是，毛泽东关于传统文化的符合历史唯物主义的思想并没有在实践中得到完全贯彻。特别是"文化大革命"中的"破四旧"，可以说是中华民族文化的一次灾难。在如何对待传统文化的问题上，我们是有教训值得总结的。

毫无疑义，社会主义社会要求建立与自己的经济制度和政治制度相适应的文化形态。在当代中国建设先进文化，就是建设中国特色社会主义文化。社会主义文化建设不可能违背文化发展的规律，即文化总是在原有文化基础上向前发展的。但我们要以辩证的态度对待传统文化特别是儒家文化。正如恩格斯当年说只有德国无产阶级才能继承德国古典哲学传统一样，在中国，中国共产党人作为中国工人阶级的先锋队、中国人民和中华民族的先锋队，应该是我们民族优秀传统文化的继承者。

我以为，我们这些马克思主义哲学工作者，应努力重新学习中国传统文化，其中包括中国哲学，但在研究和学习中，一定要坚持马克思主义。我们要学会运用马克思主义的理论和方法来研究中国传统哲学，而不是相反。

---

① 《毛泽东文集》第八卷，人民出版社 1999 年版，第 225 页。
② 《毛泽东文集》第七卷，人民出版社 1999 年版，第 12 页。

马克思主义和中国传统文化相结合

　　马克思主义与中国传统文化相结合，是当前继续推进马克思主义中国化中一个重要的理论和实践问题。

　　从历史角度看，早在民主革命时期，马克思主义与中国传统文化的关系就为中国共产党人所关注。毛泽东在《中国共产党在民族战争中的地位》《新民主主义论》等文章中，从历史唯物主义的高度对这个问题作过论述。他指出，"从孔夫子到孙中山，我们应当给以总结，承继这一份珍贵的遗产"①，并提出了对中国传统文化应采用取其精华、去其糟粕的批判继承原则。毛泽东的《矛盾论》《实践论》和刘少奇的《论共产党员的修养》等著作，是马克思主义与中国传统文化相结合的典范。但是，民主革命时期，中国共产党人面临的最紧迫任务是进行军事斗争，夺

———————
　　①《毛泽东选集》第二卷，人民出版社 1991 年版，第 534 页。

国特色的马克思主义，也就不可能使马克思主义在中国的文化土壤上扎根。马克思主义是科学的理论，是符合中国革命和建设需要、符合中国人民根本利益的理论。从传播和接受的方式来说，它也需要与中国传统文化相结合，成为具有中国特色和中国气派的马克思主义。

推进马克思主义大众化必须认真研究和学习中国传统文化。大众化离不开语言这一载体，语言通俗是马克思主义大众化的重要方式。马克思主义有自己特有的范畴、概念和理论思维方式，要想使之真正在中国发挥作用，就不能只说从国外翻译过来的专业行话，而要学会说中国话，即运用中国人的语言风格和表达方式。黑格尔说过，一个民族只有用自己的语言来习知那最优秀的东西，这东西才会真正成为它的财富，否则它还将是野蛮的。他还说，"我也在力求教给哲学说德国话"①。而要让马克思主义说中国话，就必须研究和熟悉中国传统文化。没有语言的通俗化，很难做到大众化。如果不把马克思主义从课堂上和书本里解放出来，通过语言的通俗化使其走进人民大众，就难以发挥其教育群众、武装群众的作用。中国传统文化不仅有深厚的文化积淀，而且有丰富而生动的哲学语言，充满富有智慧的表达方式。要使马克思主义真正为中国人民所喜闻乐见，中国的马克思主义者必须认真研究和学习中国传统文化。

能够结合

马克思主义与中国传统文化相结合并不是建立在抽象的必须上，而是确实存在这种结合的可能性，即不仅是必须结合而且是能够结合。这种结合的可能性，决定于马克思主义理论与中国传统文化的各自特质。

---

① 苗力田编译：《黑格尔通信百封》，上海人民出版社 1985 年版，第 202 页。

马克思主义是具有世界性的科学理论，易于在不同民族文化中扎根。马克思主义是在继承和改造人类知识中产生的，它不单属于哪个民族，而是具有世界性的科学理论。马克思主义的传播也是如此。因为它是科学理论而且具有普遍适用性，因而很容易在其他国家的文化土壤中生根，得到认同。关于马克思主义在其他国家传播和接受的可能性问题，恩格斯说过，"马克思的世界观远在德国和欧洲境界以外，在世界的一切文明语言中都找到了拥护者"①。如今，马克思主义早已越过欧洲和美洲，传播到全世界，在各种不同民族文化中扎下了根。

中国传统文化倡导和而不同，具有海纳百川的极大包容性。在中国文化史上，既有东学西渐也有西学东渐，宗教从来没有在中国文化中处于完全主导地位，中国文化不具有排他性的宗教文化特色。中国传统文化是一种崇尚理性和智慧的道德伦理型文化，对马克思主义有一种亲和力。这不仅是由于中国传统文化具有兼容并包的特性，而且由于它们在内容上有许多契合之处，如中国传统文化中的大同思想、民本思想、和谐思想、素朴的唯物主义和辩证法等，都与马克思主义有某种程度的兼容性。可以说，从传统文化的性质和内容说，中国传统文化具有能够与马克思主义相结合的内在规定性。

①《马克思恩格斯文集》第四卷，人民出版社2009年版，第265页。

链接阅读

民本思想：中国古代儒家的一种政治理想，出自《尚书·五子之歌》："民惟邦本，本固邦宁"，意思是民众是国家的根本，稳固了这个"根本"，国家才能安宁。后世儒家对此观念进行升华，提出了一系列重民、贵民、安民、恤民、爱民等思想。

根本目的是推进马克思主义中国化，创造当代中国先进文化。社会主义中国要建立和发展与其经济基础相适应，以马克思主义为指导，以中国传统文化为根，以人类优秀文化为营养的社会主义先进文化。这是马克思主义与中国传统文化相结合的正确走向。

　　马克思主义是具有世界性的科学理论，易于在不同民族文化中扎根。马克思主义是在继承和改造人类知识中产生的，它不单属于哪个民族，而是具有世界性的科学理论。马克思主义的传播也是如此。因为它是科学理论而且具有普遍适用性，因而很容易在其他国家的文化土壤中生根，得到认同。关于马克思主义在其他国家传播和接受的可能性问题，恩格斯说过，"马克思的世界观远在德国和欧洲境界以外，在世界的一切文明语言中都找到了拥护者"[1]。如今，马克思主义早已越过欧洲和美洲，传播到全世界，在各种不同民族文化中扎下了根。

　　中国传统文化倡导和而不同，具有海纳百川的极大包容性。在中国文化史上，既有东学西渐也有西学东渐，宗教从来没有在中国文化中处于完全主导地位，中国文化不具有排他性的宗教文化特色。中国传统文化是一种崇尚理性和智慧的道德伦理型文化，对马克思主义有一种亲和力。这不仅是由于中国传统文化具有兼容并包的特性，而且由于它们在内容上有许多契合之处，如中国传统文化中的大同思想、民本思想、和谐思想、素朴的唯物主义和辩证法等，都与马克思主义有某种程度的兼容性。可以说，从传统文化的性质和内容说，中国传统文化具有能够与马克思主义相结合的内在规定性。

链接阅读

民本思想：中国古代儒家的一种政治理想，出自《尚书·五子之歌》："民惟邦本，本固邦宁"，意思是民众是国家的根本，稳固了这个"根本"，国家才能安宁。后世儒家对此观念进行升华，提出了一系列重民、贵民、安民、恤民、爱民等思想。

---

　　[1]《马克思恩格斯文集》第四卷，人民出版社 2009 年版，第 265 页。

当然，无论从时代性、阶级性还是从社会功能来说，马克思主义与中国传统文化都是不相同的。强调马克思主义与中国传统文化能够结合，并不否认其中存在的时代差异性和理论矛盾。正因为如此，如何解决两者结合中的矛盾就成为一个必须重视的课题。马克思主义不会也不能取代中国传统文化，而应发挥其特有的世界观和方法论的指导作用。推动中国传统文化与当代社会相适应、与现代文明相协调，既保持民族性又体现时代性。而中国传统文化的研究者应该重视对马克思主义的学习，掌握马克思主义的基本理论和方法。马克思主义与中国传统文化相结合，可以使两者都得到丰富和发展。中国传统文化由于马克思主义的指导而实现符合时代需要的现代性转化，马克思主义由于中国传统文化的滋养而更具中国特色。正是在这种结合中，马克思主义中国化、时代化、大众化不断向前推进。

正确走向

在马克思主义与中国传统文化相结合中，有两种错误倾向应当防止，即文化虚无主义和文化复古主义。文化虚无主义极力夸大马克思主义与中国传统文化的矛盾，认为马克思主义与中国传统文化不可共存，坚持马克思主义就必须彻底否定中国传统文化。这是一种错误的幼稚思想。在推进社会主义文化建设中，我们应时时注意到这一点，不能犯否定传统、

链接阅读

文化虚无主义：指不加分析地否定人类文化遗产，否定民族文化，甚至否定一切精神文化价值的态度或思想倾向，是虚无主义在文化领域的集中表现。在中国，特别是在 20 世纪 20 年代以来，也产生了一种文化虚无主义思潮，认为中国要实现现代化，就要彻底抛弃中华民族的传统文化，在文化领域实行"全盘西化"。文化虚无主义的观点既是形而上学的，又是违背历史事实的。

与传统彻底决裂的错误。与此同时，也要防止文化复古主义。特别是在倡导民族文化复兴的新形势下，不能把重视传统文化与无条件地推行尊孔读经等同起来。中国传统文化内容丰富多彩、各家并存。虽然儒家学说在中国传统文化中长期处于主导地位，但其他各家各有贡献、各有所长。我们应全面研究中国传统文化，特别是重视研究儒家学说，因为它是重要的文化遗产，其中包含许多宝贵思想财富，但不能把重视中国传统文化变为文化复古。中国传统文化是建立在农业生产方式基础上的以血缘关系为纽带、以宗法制度为依托的文化，具有时代和历史的局限性。

链接阅读

文化复古主义：近代产生的一种文化思潮，早期主要以康有为、严复等为代表。辛亥革命后，他们放弃了主张维新变法的思想立场，转而主张捍卫旧的文化传统，主张用"传统"对抗"现代化"。文化复古主义是一种食古不化的形而上学观念，是完全错误的。

　　中国文化既包括中国传统文化也包括中国当代文化。就马克思主义与中国传统文化的关系来说，马克思主义来自西方，相对于中国传统文化属于外来文化；但中国化的马克思主义则属于中国文化，而且是中国当代文化的指导思想和核心内容。我们应立足于当代，以当代人的观点重新诠释传统文化，对传统文化进行合理的吸收和现代性转化，以表达现代人的眼

★ 儒家学说代表人物孔子（木刻画）海峰/供图

光和观点，而不能把当代人的理解全部挂在古人名下，甚至对其明显的错误极力辩解、极力拔高并加以粉饰。不管某些理论者如何排斥马克思主义，认为儒家学说自身依然充满活力，通过"返本开新"就能自我更新，但历史已经证明这条路走不通。

　　在当代，马克思主义与中国传统文化相结合的

根本目的是推进马克思主义中国化，创造当代中国先进文化。社会主义中国要建立和发展与其经济基础相适应，以马克思主义为指导，以中国传统文化为根，以人类优秀文化为营养的社会主义先进文化。这是马克思主义与中国传统文化相结合的正确走向。

取得最大经济效益的同时，又在意识形态领域占有某种强势地位。西方文化产业，不单纯是谋利的文化企业，同时又是意识形态的阵地。对我们来说，无论是文化事业还是文化产业，虽然它们在产权和管理方面存在区别，但它们是社会主义制度下两种文化单位，因此文化企业和文化事业单位，都应该以不同方式树立以马克思主义为指导的思想观念。

在文化产品的创作生产中，我们在谋求经济效益的同时，必须充分意识到文化产品的价值内容。即使在国际上，同样应该使我们的文化产品承载着中国文化的特有价值观念，不能像西方政治家嘲讽的那样，中国只能出口电视机而不能出口电视剧。如果社会主义的文化产业，可以不管社会效益，只管经济效益，以媚俗、低俗、庸俗的内容，成为资本主义价值观念的"宣传员"，甚至有伤国格以迎合西方的需要，这肯定背离以马克思主义为指导的文化建设方针。当然，我们强调文化产品的创作生产中也要以马克思主义为指导，是指经营方针和经营者的理念，而不是说文化产品都是硬邦邦的意识形态的话语。如何使文化产品喜闻乐见和具有吸引力，同时又坚持我们自己的价值观念，这是衡量文化产品的创作生产者马克思主义理论水平的一个尺度。在建设中国特色社会主义文化中，马克思主义理论工作和哲学工作者应该发挥特殊作用。全部人类的文化史表明，在特定历史时期处于先进地位的文化都有相应的比较进步的哲学作为支撑。在中国特色社会主义文化建设中，马克思主义哲学工作者如何以辩证唯物主义和历史唯物主义为指导，就中国先进文化建设中重大理论和实践问题，包括如何建立文化自觉、自信和自强的问题，进行理论探讨和提出积极的建设性的意见，这是全体马克思主义理论工作者的历史使命，也是马克思主义通过理论工作者发挥作用的一种方式。

不坚持马克思主义的指导地位就没有社会主义社会

　　"领导我们事业的核心力量是中国共产党。指导我们思想的理论基础是马克思列宁主义。"[1] 我们应该重新温习毛泽东当年说的这两句话。从政治上说，坚持马克思主义指导地位，是关系到坚持中国共产党的先进性，从而也是关系社会主义前途和命运的问题。毛泽东是把党与党的指导思想紧密结合在一起的。可以说是"一荣俱荣、一损俱损"。任何政党从本质上说都有两个基础：一是阶级基础，即它代表哪个阶级或集团的利益；另一个是指导思想，即贯穿它全部政治活动的宗旨、目标一以贯之的理论指导原则。西方资产阶级政党都掩盖它的阶级性，自称代表全体社会成员的利益、全民利益；他们也否认有任何指导思想，只有具体的政治主张和政治诉求。其实，任何资产阶级性质的政党，无论是两党制还是多党

---

[1]《毛泽东文集》第六卷，人民出版社 1999 年版，第 350 页。

制，他们的指导思想都是以各种最有效的方式维护资本主义制度，坚持资本主义核心价值观念。他们的这一指导思想以各种方式贯彻在轮流上台执政的具体的方针政策中，往往是隐性的。政党可以轮替，但坚决维护资本主义制度的思想原则不会轮替。

对中国共产党来说，情况完全不同。指导思想问题是关系党的性质的根本问题，是旗帜问题，是道路问题，必须毫不隐晦。《共产党宣言》开宗明义就宣布了这一点。列宁当年在《我们的纲领》这篇为创立俄国共产党进行思想理论准备的文章中就明确宣称："我们完全以马克思的理论为依据，因为它第一次把社会主义从空想变为科学，给这个科学奠定了巩固的基础，指出了继续发展和详细研究这个科学所应遵循的道路。"[1]

列宁缔造的伟大的苏联共产党后来蜕变，自我宣布解散，丧失政权，社会主义陷于失败，原因虽然很多，但其中一个具有决定作用的因素就是放弃马克思主义指导地位，由抽象人道主义泛滥发展到公开打出所谓"民主的人道的社会主义"的旗帜，然后公开宣布以新自由主义为指导进行所谓"改革"。对于共产党来说，放弃马克思主义指导必然改变党的性质；对于处于执政地位的共产党来说，放弃马克思主义指导，必然会在失去理论领导权的同时，丧失政权。

链接阅读

新自由主义： 西方现代资产阶级自由主义政治思潮中的重要派别，产生于19世纪末20世纪初的英国。该思潮强调个人自由，认为自由是民主的灵魂和目的，但又强调增强国家的职能，主张国家应该清除那些妨碍社会平等、正义与和谐的障碍，为个人自由的发展扫除障碍，创造更多、更好的有利条件。新自由主义的实质是允许少数私人利益者最大限度地控制社会生活，以实现他们个人利益最大化的政策和程序，其后果是扩大了社会经济发展的不平等，加剧了对世界上最贫穷国家和人民的剥削，带来全球的环境灾难和经济动荡等。

---

[1]《列宁全集》第四卷，人民出版社1984年版，第160页。

这是社会主义运动的一个沉痛教训。

中国共产党公开宣布自己的阶级基础是代表工人阶级和全体中国人民的利益，而且明确宣布坚持马克思主义的指导地位。这是中国共产党的先进性、劳动人民当家作主的地位永不丧失的保证，也是社会主义制度在中国得到巩固、发展和不断自我完善的根本保证。马克思主义不仅必须处于指导地位，而且能够处于指导地位。马克思主义之所以必须处于指导地位的问题，并不仅仅因为中国共产党是执政党，因而它的思想理论"必须"处于指导地位。不单是"必须"，而且是"能够"，因为马克思主义是科学的世界观和方法论。它自身的科学性和实践性决定它"能够"处于指导地位，"能够"指导实现中国共产党人承担的伟大民族复兴的历史使命，并逐步实现人的全面发展和人类解放的伟大社会理想。历史和

★ 展示中国共产党奋斗历史的精神殿堂——中国共产党历史展览馆 中新图片／赵雅丹

现实证明，在当今世界就其科学性和实践性而言，没有任何思想理论能与马克思主义处于同一高度。这是百年来中国历史证明了的真理，也是从当代世界各种理论学说发展状况中得出的结论。

马克思主义是一个完备严整的科学体系。它的哲学世界观为我们科学地理解世界的客观本性，理解人与世界的关系，理解自在自然与人化自然的辩证关系，提供具有普遍规律性的论断。特别是辩证唯物主义的历史观，通过对人类历史发展规律和人在历史发展中的地位和作用的揭示，使我们能从理论和实践相结合上深刻理解和把握人类社会发展规律、社会主义发展规律和共产党执政规律。对这三大规律的认识和运用，为中国共产党不致重蹈苏联的覆辙，跳出"历史周期率"提供理论保证。

马克思主义的经济学说不仅为我们观察当代世界资本主义经济发展，包括金融危机和资本主义社会的基本矛盾，而且为中国特色社会主义经济建设，包括正确处理生产、分配、交换、消费各个环节的关系，处理市场与计划的关系以及关于如何保持经济平衡、协调可持续的关系，提供了科学的经济理论。马克思主义的社会主义学说，对我们坚定建设中国特色社会主义的理想和信仰，以及对当代世界发展趋势的观察，具有指导意义。马克思主义是一个整体，马克思主义以其整体性和科学性，在人类实践和现实生活中以各种方式发挥作用。从意识形态来说，

链接阅读

历史周期率： 历史上任何一个国家政权都会经历兴衰治乱，呈现出的周期性"治乱循环"现象。1945 年 7 月，黄炎培在延安同毛泽东谈话时提出，中共诸君能否找到一条"新路"，跳出历史上"其兴也勃焉，其亡也忽焉"的周期率支配？毛泽东回答说：我们已经找到新路，这就是民主。2021 年 11 月，习近平总书记指出，"如何跳出治乱兴衰的历史周期率？毛泽东同志在延安的窑洞里给出了第一个答案，这就是'只有让人民来监督政府，政府才不敢松懈'。经过百年奋斗特别是党的十八大以来新的实践，我们党又给出了第二个答案，这就是自我革命"。这一重要论述，为我们党跳出历史周期率指明了新路径。

无论是坚持社会主义先进文化还是坚持社会主义核心价值观，都必须坚持马克思主义指导。

在社会主义先进文化建设中，既要发展文化产业也要发展文化事业。这两种文化实体有区别但也有共同性。文化产业的经济效益，往往要依赖先进的科学技术的承载。西方发达国家之所以能在世界上宣传它们的价值观念，在很大程度上是借助它们的先进科学技术。这样，它们在取得最大经济效益的同时，又在意识形态领域占有某种强势地位。西方文化产业，不单纯是谋利的文化企业，同时又是意识形态的阵地。对我们来说，无论是文化产业还是文化事业，虽然它们在产权和管理方面存在区别，但它们都是社会主义制度下的两种文化单位，因此文化企业的经营者和文化事业的领导者，都应该以不同方式树立以马克思主义为指导的思想观念。

因为只有坚持马克思主义在社会主义核心价值体系中的指导地位，才能体现这种价值观念的社会主义本质，充分发挥社会主义核心价值引领社会思潮的导向作用。社会主义核心价值观汲取了中国传统文化的优秀成果，汲取了世界文明的积极成果。但如果离开了马克思主义的指导，就无法区分社会主义核心规范与非社会主义价值规范的差异性，而只看到同一性。例如，爱国主义不仅中国有，外国也有；不仅古代有，近代也有。但爱国主义之所以属于社会主义核心价值，就是因为它以马克思主义为指导，这种爱国主义不是狭隘民族主义也不是民粹主义，而是与热爱社会主义不可分的。再如荣辱、自由、民主、平等、和谐等规范，作为社会主义核心价值体系的规范，肯定具有社会主义性质。尽管自由、平等是普遍使用的概念，但社会主义自由观显然不同于资本主义自由观，社会主义平等观不同于资本主义平等观。如果社会主义核心价值体系中除掉马克思主义指导而只保留一些抽象规范，社会主义核心价值就失去了它的质的规定性和导向性。

有些人之所以把资本主义核心价值作为普世价值，就是因为脱离每种价值体系的指导思想和实在内涵，把它变为没有具体内容的抽象规范。的确，在社会主义核心价值体系中，我们会发现一些人类共用的概念，但并不因此改变它的社会主义核心价值的本质。其实，富强、民主、文明、和谐、自由、平等、公正、法治、爱国、敬业、诚信、友善，都不是一个超越时代和社会制度的共有的抽象概念，而是具体概念。在社会主义核心价值观中，每个概念都包含着以马克思主义为指导、以社会主义制度为实质和内容的尚未展开的判断。它的社会主义内容正凝结在每个概念尚未展现的特有的判断之中。因此，我们只有坚持马克思主义在社会主义核心价值中的指导地位，才不会落入西方普世价值的理论圈套。

社会主义改革的两种趋向

　　科学社会主义的理论和实践经历了三个阶段：第一阶段是社会主义由空想到科学，这是马克思和恩格斯的时期；第二阶段是社会主义由理想到现实，这是由十月革命开始的社会主义制度的建立时期；第三阶段是社会主义由一国模式到寻找适合本国建设道路，这是当前社会主义国家正在进行的经济体制和政治体制改革的时期。这三个时期，不是绝对前后相继的，而是交叉的。社会主义由空想到科学并没有在1895年恩格斯逝世时终结，应该说，社会主义由理想变成现实的过程，就包含着对马克思、恩格斯科学社会主义理论的验证、补充和发展；而社会主义国家的改革应该是社会主义制度的自我完善，是继续把社会主义真正由理想变成现实。

　　与上述发展阶段相适应，我们看到三种关于社会主义制度的构思。一种是由马克思和恩格斯创立的科学社会主义，这是一种观念形态上的社会制度，

是对社会主义制度本质特征的理论把握；另一种是由十月革命开始在地球上出现的社会主义制度的现实；再一种是作为改革的总体目标，即通过经济体制和政治体制改革确立的社会主义体制，也可以称之为具有本国特色的社会主义。对马克思主义的肢解，往往发生在两次转换中。

由理论的社会主义到现实的社会主义是第一次转换。

马克思和恩格斯关于社会主义的理论，是把共产主义作为一种同资本主义相对立的社会形态来考察的。他们以资本主义条件下大工业、社会化大生产和商品经济的充分发展为出发点，从资本主义生产方式内在矛盾的分析中，阐明了资本主义必然为更高的社会形态所代替的趋势和规律，划分了共产主义社会发展的低级阶段和高级阶段，并从区分两个阶段的角度原则上指出了它们在所有制、分配方式、阶级关系，以及上层建筑方面的基本特征。马克思和恩格斯舍弃了民族的特点，着重把握的是社会形态变化的规律。这种分析是科学的，它在理论上和逻辑上是严密的、首尾一贯的。

可是，从俄国十月革命开始先后建立起来的社会主义制度，都是发生在生产力比较落后、资本主义不发达或很不发达的国家。因而，它们同马克思和恩格斯设想的在资本主义高度发展基础上孕育成熟的社会主义社会，显然不完全一样。有些人就以此为据，攻击马克思、恩格斯的科学社会主义理论是空想社会主义，是新的乌托邦。这是完全错误的。马克思和恩格斯以毕生的精力反对各式各样的空想社会主义，从反对"真正的社会主义"到反对杜林的空想社会主义，马克思和恩格斯从来就反对教条式地预言未来，他们反对对社会主义的特征和建设作详细的描绘，反对束缚人们的手足。1880年，考茨基在《人口增殖对社会进步的影响》一书中讲道，共产主义社会将会对人的生产进行调整和控制。恩格斯在致考茨基的一封信中针对这一点说："无论如何，共产主义社会中的人们自己会决定，是否应当为此采取某种措施，在什么时候，用什么办法，以及究竟是什么样的措施。我不认为自己有向他们提出这方面的建议和劝导的使命。"[①] 马克思和恩格斯一贯认为，如何建设社会主义的问题，应该由人们的实践来解决。

社会主义从理论到现实的飞跃，正是马克思主义科学性的伟大证明。

从一国模式到寻找适合本国特点的社会主义建设道路是第二次转换。这是又一次飞跃。

---

① 《马克思恩格斯文集》第十卷，人民出版社2009年版，第455—456页。

十月革命以后的几十年中，苏联在斯大林时期逐步建立起一个以单一公有制为基础的、高度集中的、以行政命令进行经营管理的计划经济体制。其他后继的社会主义国家，也在不同程度上大体采用了苏联的模式。这种制度在一定时期内是有它的历史作用的。苏联在几十年之中，把一个落后的沙皇俄国变成超过英国和法国，能与美国相抗衡的超级大国，用较短的时间走过了西方发达资本主义国家几百年的发展过程。可是，随着生产力的发展和科技革命的兴起，这种过分集中的、僵化的体制日益暴露出它的种种弊端，必须进行经济体制和政治体制的改革。

已经夺取了政权的社会主义国家，在经历了几十年社会主义建设之后，又倡导改革，是不是说明，马克思主义不灵了？社会主义不灵了？不是。有人认为，社会主义尝试的失败将是 20 世纪的遗产，西方也有些政客聒噪共产主义已经溃败之类的狂言，都不过是些不切实际的梦呓。

社会主义的改革，不是证明了马克思主义不灵，而是恰好证明了马克思主义的真理性。社会主义改革最深刻的根源，是生产力的发展和科技革命兴起同原有体制的矛盾，它要求改变原有经济体制和政治体制中的某些弊端以适应生产力的需要，并促进它的发展。也就是说，社会主义改革的根源存在于社会主义社会的基本矛盾之中。

社会主义改革还证明，在经济落后国家进行社会

链接阅读

计划经济体制：又称指令型经济，是对生产、资源分配以及产品消费事先进行计划的经济体制。计划经济体制一般是政府按事先制定的计划，提出国民经济和社会发展的总体目标，制定合理的政策和措施，有计划地安排重大经济活动、引导和调节经济运行方向。

★ 中国改革开放正是因为坚持马克思主义，才获得了成功。图为中国改革开放精神象征深圳深南大道的"拓荒牛"雕像

主义建设，不可能短期内达到马克思和恩格斯设想的水平。但从长远目标看，从社会形态发展的高度看，各种所有制的同时并存，各种分配制度的同时并存，以货币为中介的商品生产和交换，以及资本主义私有经济、各种非劳动甚至剥削收入，终究是人类历史过程的一定阶段，而不是历史的终点。改革，是找到一条真正在自己国家建立社会主义的道路。从这个意义上说，社会主义改革不是离马克思和恩格斯的理想越来越远，而是越来越近。

我们承认，在社会主义理论和实践的两次转换中，都提出了超出马克思和恩格斯当时视野的新问题。例如，在第一次转换中，最尖锐的问题是如何在落后的国家进行社会主义建设的问题；在第二次转换中，提出诸如社会主义发展的阶段问题，如何进行社会主义的宏观经济调控问题。计划经济和市场调节如何结合的问题，如何利用商品和货币的关系问题，如何正确贯彻按劳分配原则问题，如何进行物质文明和精神文明建设问题，如何发扬社会主义民主与完善社会主义法治问题，等等。这些问题的解决，必然会推动马克思主义的发展。

由此，必然就会存在两种不同的改革：一种是坚持以马克思主义为指导，把改革看成社会主义制度的自我完善；另一种是反对马克思主义，鼓吹社会民主主义，主张经济上实行私有化，制度上实行所谓的民主化，理论上实行多元化，这实际上是借改革之名，行倒退之实。因此，坚持改革的社会主义方向，坚持马克思主义，这是任何一个社会主义国家坚决不能动摇的。

马克思主义与中国道路

中国道路问题，是最为世人关注的大问题。中国选择什么道路，中国向何处去，不仅关系到中华民族的命运和全体中国人民的切身利益，也会改变世界政治格局和大国之间的力量消长。"中国威胁论""中国经济崩溃论"等，本质上都是以话语形态出现的包含对中国道路取得的伟大成就的焦虑和恐惧。

中国道路，就其一般意义而言，包括中国革命、建设、改革所经历的全过程。对过去来说，是中国的革命和社会主义建设历史；对现实而言，它就是中国当代的社会主义实践；对未来而言，它就是中国为之奋斗的建成社会主义现代化国家和中华民族伟大复兴，最终实现共产主义。作为一个整体，它就是中国共产党领导中国人民革命、建设和改革的实践历史过程。中国共产党100年来走过的道路，内蕴着中国共产党人的文化自信，其深层本质是对共产党执政规律、社会主义建设规律、人类社会发展

链接阅读

中国经济崩溃论： 20世纪80年代末到90年代初，西方部分政客和学者提出各式各样的"中国崩溃论"，企图唱衰中国。1997年国际金融危机之后，西方又出现了"中国经济崩溃论"的唱衰中国论调。但中国经济不但没有崩溃，反而综合国力与日俱增，人民生活水平不断提高。

规律的把握。

我以为，中国道路的提法或许比中国模式的提法更确切，更符合马克思主义哲学的本意。模式的提法难以表达出中国特色社会主义道路的本质。从语意来说，模式是成型的、静态的、稳定的。用在国家发展上，模式具有排斥性，把自己国家的发展视为不同于其他国家的唯一的最具优越性的发展方式，或者认为自己国家的发展模式具有普适性，可以为其他国家提供一个现成的发展范式，如同制作糕点的模型，全部糕点都是从一个模子里制作出来的。无论在何种意义上，模式论都不太适用于中国特色社会主义道路。

从历史唯物主义角度看，各国有不同的发展道路，没有放之四海而皆准的发展模式，更没有唯一的模式。西方发展道路是由西方国家自己的历史和文化决定的，而不是为世界提供模式，也不可能提供模式。中国推行改革开放，表明中国共产党愿意学习世界各国尤其是西方发达资本主义国家的经验，但是中国不会照搬西方发展的模式。习近平总书记说过，"我们愿意借鉴人类一切文明成果，但不会照抄照搬任何国家的发展模式"①，"不能企图用一种模式来改造整个世界"②。

历史唯物主义是社会形态发展论，而不是社会发展模式论。中国特色社会主义道路，不是从天上掉下来的，而是中国人民在中国共产党领导下走出来的。从整个中国历史来说，中国特色社会主义是在对中华民族几千年文明和文化的传承中得出来的；从近代史说，它是从 1840 年以来中国人民为民族复兴而奋斗、而牺牲、而不断遭受挫折的苦难经验和教训中总结出来的。道路是纵向的，它与自己国家过去的历史特点和

---

① 《习近平关于实现中华民族伟大复兴的中国梦论述摘编》，中央文献出版社 2013 年版，第 27 页。

② 习近平：《在哲学社会科学工作座谈会上的讲话》，人民出版社 2016 年版，第 18 页。

文化特点不可分割。没有中国历史的发展，没有中国文化的积累，就没有中国特有的发展道路。

道路的特点是实践，而不是仿效制作，照葫芦画瓢。中国道路就是中国人的实践，不实践就不是道路，也没有道路。当然，在中国特色社会主义建设中，我们可以有规划、有顶层设计、有中华民族伟大复兴的目标，但目标不等于道路。目标只是道路的重要部分，是道路的指向和要达到的站点。至于如何到达这个站点，怎么走，就是道路问题。可以大胆地说，按照历史辩证法，我们不可能详细地绘制一幅不需要修改、不需要完善、不需要调整的中国道路规划图，而是应该根据实际情况不断调整。这就是顶层设计与摸着石头过河的两者结合。因此，中国道路不是固定模式，它包括弯路、包括曲折，甚至会碰到岔路。中国特色社会主义道路不是定型的，而是未完成式，现在仍在继续走。一句话，中国道路是实践过程，它为人类对更好的社会制度的探索提供的是中国方案，而不是一个现成的模式。

改革开放几十年来，在中国道路上我们取得了伟大的成就，也遇到不少问题。其中有一些是有违改革初衷、未曾料到的新问题，正在采取措施逐步解决。社会主义建设是有规律可循的，我们会有盲区，会有没有掌握的新的规律。我们还要不断摸索、不断总结。改革初始，邓小平提出以经济建设为中心，重点是放在解放生产力、发展生产力上，为此提出发

链接阅读

顶层设计： 原是工程学术语，后被各行各业广泛借用。学界一般认为顶层设计是运用系统论的方法，从全局的角度、从高处着眼，对某项改革任务自上而下的层层设计，从各方面、各层次、各要素进行统筹规划和整体设计，以集中有效资源，高效快捷地实现目标。

展是硬道理的著名论断。在改革实践过程中，中国共产党人继续推进发展是硬道理的原则，提出了科学发展观，再发展到新时代的创新、协调、绿色、开放、共享的新发展理念；从开始的一部分人先富起来，发展到现在强调共同富裕，强调依法治国，强调公平正义，这都是从 40 多年一步一步改革经验积累中走过来的。40 多年来的经验证明，中国特色社会主义道路是在实践中不断完善的。这个过程并没有结束，中国道路有明确的方向图，通过深入探讨什么是社会主义，怎样建设社会主义；建设什么样的党，怎样建设党；实现什么样的发展，怎样发展这些有关道路的根本性理论问题，提高了我们的理论自觉性，为制定各项方针政策，推进各项工作提供了科学指导。

　　中国方案的提出，有重要理论和实践意义。中国方案，就存在于中国道路之中。没有中国道路就

★ 改革开放使中国走出了一条中国特色社会主义道路。图为"伟大的变革——庆祝改革开放 40 周年大型展览" 中新图片/陈晓根

不会有中国方案。提不出中国方案，中国道路就会变成一句空话。或许有人说，只有中国模式才有世界意义，而中国道路没有世界意义。这不符合历史唯物主义观点。模式提供的是模具。我们反对西方推行的普世价值观，就是反对他们对自由、民主、人权的解释的话语霸权，反对它们把西方的资本主义民主制度模式化。其实，各个国家需要的是符合自己国情和文化特点的自由、民主和人权制度。当然，我们可以学习它们的优点，吸收西方的积极成果，但我们有自己的发展道路和方案，而不是成为从西方模具中复制出来的仿制品。

中国道路，既是具有中国特色的中国之路，又是具有世界意义的中国之路。讲它是中国特色之路，是因为它具有中国的历史特点、民族特点、文化特点；讲它又是具有世界意义的中国之路，是因为它向人类提供了不同于西方发展道路的中国方案。这个方案向世界表明，一个100多年来受列强压迫和侵略的民族，一个曾经落后于西方发达国家的民族，完全可以依靠自己的力量，建立与自己民族特点相符合的制度和发展道路，走上民族伟大复兴之路。

资本主义社会并不是人间天堂，资本主义的经济和政治制度也不是人类社会发展唯一之路，资本主义的价值观念并非人人必须奉为圭臬的绝对价值。在当代，各国的发展，完全可以有不同的方案。这正是西方某些资本主义国家拼命遏制中国和平发展的原因。因为中国的崛起意味着中国方案的成功；而中国方案的成功，意味着在当代可以有另一条通向自己国家和民族的复兴之路，而不必接受西方兜售的资本主义制度优越论和永世论的灵丹妙药。中国方案是马克思主义和中国文化精华的结合，它的影响力和说服力，是中国对世界的贡献。正因如此，西方一些国家千方百计对中国道路进行抹黑，并将之视为对"自由世界"道路的背离。

中国特色社会主义道路是一条光辉的道路，也是一条充满困难的道路。我们党清楚地知道，老百姓对现实问题有议论、有不满意。当代的问题是现实问题，而不是古代人的问题。现实问题，必须坚持以马克思主义为指导，以问题为导向，采取历史唯物主义方法进行分析，寻找它的现实原因，提供有效的解决方法。传统文化包括其中占主导地位的儒家学说，可以为我们解决问题提供思想资源、启发智慧，但传统文化不可能为它们从来不曾经历的 2000 多年后的问题提供预案和答案。对中国道路上存在和出现的问题，儒化不是出路，"西化"更不是出路，出路在于继续深刻研究和把握社会主义发展规律和中国共产党的执政规律，坚持社会主义方向，坚持全面从严治党。社会主义的基本规律不可违背，执政党的规律不可违背。治党必须从严。如果管党不力、治党不严，人民群众反映强烈的党内突出问题得不到解决，那么我们迟早会失去执政资格，不可避免地被历史淘汰。不懂历史辩证法，不懂得失成败在一定条件下可以转化，是非常危险的。殷鉴不远，岂能忘之。《易经》中说，"君子终日乾乾，夕惕若厉，无咎"，应该成为我们的座右铭。我们一定要以不忘初心之志，以兢兢业业、如履薄冰之心，走符合社会主义规律的中国道路。

社会主义现代化不是西方现代化的翻版，但我们重视对西方现代化的研究。它的成绩、现代化中存在的问题，都能为我们提供经验和教训。我们是后发国家，我们有条件也应该避免西方在现代化中出现的种种问题。我们也不会忘记它们对中国现代化的影响和某种推动。但我不赞同中国现代化的动力是外生的，与中国历史自身发展的内在要求无关。外因是条件，内因才是根据。中国是一个有 5000 多年文化传统的民族，是一个蕴藏并积蓄了几千年文明内在力量的民族，是一个在近代饱受侵略和掠夺，积蓄着追求民族复兴、追求民富国强强大力量的民族。现代化是中国革命题中应有之义。把中国现代化视为简单的外力——反应模式，而不是中国内在力量的要求，是一种错误的历史观。这种历史观导致的结论，就是中国现代化应该拜西方侵略之赐，像有些人无耻宣称的，如果中国能被西方殖民 300 年，就可以从洋人手里接受一个现成的现代化中国。这种观点何等荒谬！

中国马克思主义理论工作者的历史使命

　　哲学家们都热切地关心并讨论 21 世纪中国哲学的发展道路问题。我以为，中国哲学发展的道路，仍然是走马克思主义与中国实际相结合的道路。毛泽东思想走的是这条路，中国特色社会主义理论体系走的是这条路，习近平新时代中国特色社会主义思想走的也是这条路。这条路的本质是马克思主义中国化，即把马克思主义基本原理应用于中国实际，从而创造性地推进马克思主义的道路。原理似乎仍然是"老祖宗"的，可一旦与实际相结合，从中生发出来的新的内容及其实际效果就会远远超出原来基本原理的范围。这就叫坚持与发展的统一。正如实践是检验认识真理性的标准和解放思想、实事求是等一系列原理，一旦与中国实际相结合，它们的作用是无可比拟的。我们有些人嫌马克思主义哲学基本原理陈旧，意在创新，来点新花样。我总是说问题不是面孔的新与旧，而在于真与不真。一个具有真理性的哲学体系，只要密切结合实际（包括自然科学成就和人类的社会实践），是能够不断增值的。相反，没有真理性，任何所谓创新都是经不起实践碰撞的泡沫。在马克思主义哲学产生以后，西方出现过不少哲学家和新的哲学体系，可真正能解决人类命运、指导科学研究的并不多。当然多了一些学者，多了一些哲学家，但我们作为马克思主义哲学工作者追求的并不是这个。我们需要的是发挥实践标准讨论所蕴含的精神，即在实践中运用马克思主义哲学，着力解决实际问题。这样，马克思主义哲学就能永葆青春。列宁的话是对的，"沿着马克思的理论的道路前进，我们将愈来愈接近客观真理（但决不会穷尽它）；而沿着任何其他的道路前进，除了混乱和谬误之外，我们什么也得不到"①。这是实践标准问题大讨论，也是党的十一届三中全会以来马克思主义哲学基本原理和中国具体实际相结合所昭示的重要结论。

哲学贫困的说法现在非常流行。哲学圈子外的人这样说，以表示对哲学的轻视；哲学圈子里不少人也这样说，以表示对自己专业的无奈。其实，与蒲鲁东不一样，我们的马克思主义哲学并不贫困。贫困的是哲学家，或者说是哲学工作者。我们要区分开哲学的贫困和哲学家的贫穷。《庄

链接阅读

庄子（约公元前369—约公元前286）：名周，宋国蒙（今河南省商丘市东北）人，战国时期哲学家，道家学派代表人物，与老子并称"老庄"，有《庄子》传世。

★ 庄子画像　海峰 / 供图

---

① 《列宁选集》第二卷，人民出版社1995年版，第103—104页。

子·山木》中有个故事，说庄子身穿打补丁的破衣服，脚穿用麻绳绑着的破鞋去见魏王，魏王说您怎么这样贫困呀？庄子说，我是贫穷但不是贫困，衣服破旧、鞋子破烂是贫穷，有理想不能施行才是贫困呀。这个道理，与哲学的贫困和哲学家的贫穷二者的区别相类似。

哲学家是贫穷的，可哲学作为一门学科并不因此而贫困。我不搬用我们的祖先，说哲学是我们传统文化中最重要的组成部分，如果没有哲学，中国灿烂的文化是不可设想的；也不搬用中国革命史，说《矛盾论》《实践论》《关于正确处理人民内部矛盾的问题》的作用如何如何，只需看到 40 多年来真理标准问题的讨论及实事求是、解放思想的思想认识路线，对于建设中国特色社会主义的理论和实践的伟大作用是无可替代的，就足矣。整个中国的历史、整个中国的革命史、正在进行的中国的实践运动，都证明我们的历史发展得力于我们丰富的哲学思维。哲学本身并不贫困。仅就当前来说，现实提出了许许多多的哲学问题。例如，在自然科学中，西方科学哲学家有的重新对世界物质性问题提出挑战。他们说，世界只有在未进入人类实践和认识范围时才是客观的自在之物，一旦进入人的认识范围，就成为为我之物，成为现象；客体是不能认识的，当它一旦被认识就转变为现象，即转变为在主体中呈现并依存于主体的客体。我认为，这是在新的历史条件下，重复自在之物和为我之物对立的陈旧观点。如果对客体的把握仅仅属于主体的构建，那无非是人为自然立法。按照这种哲学，自然科学就会完全丧失它的客观真理性，丧失它的实际效用。当今人类的生产实践活动以其成功和失败不断地驳斥这种理论。特别是生态环境恶化，迫使人们要尊重自然规律，承认自然规律的客观性。

社会科学领域也是如此。苏联解体、东欧剧变把历史有无规律性的问题摆到了人们面前。至于物质文明与精神文明的关系问题、市场经济

★ 真理标准问题大讨论40多年来，中国发生了翻天覆地的变化，经济社会等各方面迅猛发展，取得了举世瞩目的伟大成就。图为航拍的北京大兴国际机场

与道德建设的关系问题、生产力标准问题、社会主义发展的阶段问题等，都是当前存在的一些重要的哲学问题。面对丰富的社会生活、复杂的社会实践，哲学不会贫困也不能贫困。哲学家的贫穷不应成为哲学家投身哲学研究的障碍，更不能成为一个民族和国家的人民轻视哲学的理由。中国自古就有"安贫乐道"的传统。我们应该改变对"哲学贫困"的看法，让贫穷的哲学家到富裕的哲学大海中去搏击。随着国家经济的发展，从事哲学研究和教学的人员，一定会比现在生活得更好。但如果不是爱好真理而是迷恋金钱，就不可能成为一个合格的马克思主义哲学工作者。

我国正处在全面建设社会主义现代化国家的关键时期。我们哲学工作者肩负着高举中国特色社会主义伟大旗帜、全面准确地学习宣传贯彻习近平新时代中国特色社会主义思想的历史使命。同时，我们还要坚持有的放矢、理论联系实际的原则，加强对马克思主义哲学基本理论的研究。这是个至关重要的问题，又是个难题。从延安整风至今半个多世纪以来，由纯理论工作者撰写的能称得上研究中国实际问题的高水平的马克思主义哲学著作不是很多。我们的理论研究工作多停留在解释或注解某本著作或某个原理上，或介绍西方某些理论。这对于宣传普及和启蒙有作用，但我们的马克思主义理论研究工作长期处于这种水平当然不能发挥它应有的作用。研究现实问题既要有勇气、有胆量，还要有条件、有水平。我们只有全面深入贯彻习近平新时代中国特色社会主义思想，造就一种面对实际的学风，才有望培养出一大批高水平的马克思主义哲学理论研究人才。这是时代的需要，也是建设中国特色社会主义的理论和实践的需要。

在当前形势下，我们青年教师应该如何做，才能更好地担负起马克思主义理论工作者的历史使命和时代责任？我认为，首先，必须解决自身信仰问题。理论深度可以慢慢提高，但是基本的政治态度、政治信仰是不可动摇的，拥护中国共产党、拥护社会主义是必须坚持的。有的思想政治课老师，自己都没有从思想深处真正信仰马克思主义，怎么能让青年学生信仰呢？自己都站不稳，还想扶别人？所以，讲好这门课，前提是要自己坚定信仰。做一个马克思

链接阅读

延安整风： 中国共产党历史上第一次大规模的整风运动。延安整风运动开始于 1941 年 5 月，以毛泽东在延安高级干部会议上作《改造我们的学习》报告为标志，至 1945 年 4 月党的六届七中全会通过《关于若干历史问题的决议》结束。延安整风运动是中国共产党历史上一次全党范围的马克思主义教育运动，也是一次伟大的思想解放运动。通过延安整风，全党确立了实事求是的思想路线，使干部在思想上大大地提高一步，使党达到了空前的团结。

主义者很难，做一个坚定的马克思主义者更难，这不仅要有深厚的马克思主义理论学养，汲取人类积累的广博的知识，而且要有关心社会现实问题和以人民利益为中心的激情和热情。曲学阿世，信口乱言的人，不可能成为马克思主义的坚定信仰者。我期待着马克思主义理论工作者能够像握枪的战士一样，成为理论战线的战士，以实际行动去捍卫马克思主义。

当代中国马克思主义的本质

　　中国特色社会主义理论是当代中国马克思主义形态，但不能由此推论出应该把马克思和恩格斯的思想归为所谓经典马克思主义、传统马克思主义，甚至是什么原生态的马克思主义。以它产生于 19 世纪上半叶为由而否定它在中国共产党指导思想中的地位，割断它与中国当代马克思主义一脉相承的理论关系。

　　马克思主义当然是发展的，但它的发展与社会形态的发展不同。它不像社会形态的更替那样，是以一种马克思主义形态完全取代另一种马克思主义形态。马克思主义的发展可以表现出多样性和民族特性，但它都是以马克思主义基本原理与每个时代和国家的实际相结合的方式发展的，是沿着马克思主义基本原理的方向发展的。正像列宁说的，"沿着马克思的理论的道路前进，我们将愈来愈接近客观真理（但决不会穷尽它）；而沿着任何其他的道路前进，除了混乱和谬误之外，我们什么也得不到"①。

我们不能把马克思主义发展划分为三种形态：原生态，即马克思和恩格斯创立的马克思主义；次生态即列宁主义；再生态即马克思主义的当代形态。这种称谓和区分并不能表明马克思主义的发展的真实本质和历程，而只能引起混乱。从马克思主义基本原理来说，这种区分难以成立。我们不能断言，由于中国特色社会主义是当代中国的马克思主义，它就根本不同于所谓原生态的马克思主义——马克思和恩格斯创立的马克思主义和次生态的马克思主义——列宁主义，它与所谓原生态和次生态的马克思主义，各自拥有自己根本不同的基本原理，或者说原生态和次生态的马克思主义不再具有当代价值，这是一种变相的马克思主义过时论。

在艺术中，凡属原生态的东西都是指称非当代的东西，如原生态音乐，岩洞中的壁画之类。它是极为粗糙的历史的陈迹或历史化石。当代艺术家们、音乐家们都喜欢寻找原生态的东西，也就是寻找原本如此，没有受当代"污染"的东西。如果艺术领域可以这样做，在马克思主义研究中可不能这样。马克思和恩格斯创立的马克思主义可不是什么原生态，而是具有原创的思想理论体系，它是人类思想理论上的一次伟大革命，可以喻之为跃出人类思想地平

链接阅读

原生态：指没有被特殊雕琢，存在于民间原始的、散发着乡土气息的表演形态，它包括原生态唱法、原生态舞蹈、原生态歌手、原生态大写意山水画等。

①《列宁选集》第二卷，人民出版社 1995 年版，第 103—104 页。

线的一轮红日。

马克思和恩格斯学说中，凡属基本原理而不是个别论断或词句的思想，都既属于马克思和恩格斯的时代，又同样属于当代，具有当代价值。马克思主义作为一种学说，就其本质来说是一个整体，并不包括两个不同的部分，一部分属于当代，另一部分属于非当代。马克思主义是具有实践性、开放性的体系，它必须面对当代。不具有当代价值的马克思主义，是马克思主义的终结。

任何一个严肃的马克思主义理论研究者都理解，当代中国马克思主义并不是根本不同于所谓"原生态"的马克思主义的另一种马克思主义。可以说，在当代中国马克思主义中，始终包括作为马克思主义缔造者的马克思和恩格斯对马克思主义基本原理的贡献。如果从当代中国马克思主义中剔除马克思和恩格斯的马克思主义，那当代中国马克思主义就不成其为马克思主义。没有马克思、没有恩格斯思想的当代中国的马克思主义，同没有哈姆雷特王子的《哈姆雷特》一样不可思议。

当代中国马克思主义的特性，不是它坚持的基本原理不同于马克思和恩格斯创立的马克思主义，而是马克思列宁主义与中国实际相结合中表现的鲜明

链接阅读

《哈姆雷特》：英国剧作家威廉·莎士比亚创作的一部悲剧作品。哈姆雷特是丹麦王子，他的叔叔克劳狄斯谋害了他的父亲，篡夺了王位，并娶了国王的遗孀乔特鲁德，哈姆雷特王子为父亲向叔叔复仇。《哈姆雷特》是莎士比亚"四大悲剧"之一。

★ 法国画家欧仁·德拉克洛瓦描绘《哈姆雷特》场景的绘画　文化传播/供图

的时代特征和民族特色，以及由此而得出的创造性发展马克思主义的新结论。

中国特色社会主义建设是在和平与发展成为时代主题，经济全球化成为发展趋势的时代背景下进行的。对于当代中国社会主义建设来说，改革开放就是具有时代性的课题。改革开放是在当代背景下推动调整我们社会主义社会内部社会基本矛盾的动力。脱离我们时代的大背景和课题，就无法理解当代中国马克思主义的新成果和创造性发展的时代依据。

当代中国马克思主义，既充分考虑到中华民族从鸦片战争以来的社会性质和新民主主义革命胜利后的社会发展水平，又高度重视继承和吸收中华民族优秀文化传统，以马克思列宁主义为指导与充分吸收中国传统文化中的精华相结合，使马克思主义基本原理的应用和发展具有中华民族的风格和气派。

改革开放不仅是中国经济发展的强大动力，同样是推动马克思主义发展的强大动力。当代中国马克思主义在马克思主义发展史上的成就应该为所有马克思主义理论研究者高度重视。但这种重视不能是马克思主义发展史的断裂。任何稍懂一点马克思主义的人，都能从邓小平理论中、从"三个代表"重要思想中、从科学发展观中、从习近平新时代中国特色社会主义思想中，读到被创造性运用于中国当代实际的历史唯物主义基本原理，读到被娴熟运用于中国实际的辩证唯物主义的世界观和思维方法原则。马克思主义中国化的三次飞跃，都是马克思列宁主义与时代特征相结合、与中国具体实际相结合、与中华优秀传统文化相结合的产物。

当代中国马克思主义之所以属于马克思主义，就是因为它在当代中国依然坚持马克思主义的基本原理。不能认为在当代中国，马克思主义中国化的时代已经结束，现在是中国化的马克思主义的时代，从德国传

★ 改革开放是中国经济发展的动力，也是推动马克思主义发展的动力。图为 2020 年 7 日 23 日中国发射"天问一号"探测器升空时的场景

来的 19 世纪德国的马克思主义没有用，从俄国传来的列宁主义也没有用，唯一能作为指导的就是当代中国马克思主义。此说貌似高度评价中国特色社会主义理论，实际上容易架空、贬低和曲解中国特色社会主义理论的马克思主义本质。没有继续推进马克思主义中国化，何来中国化的马克思主义。把马克思主义中国化与中国化马克思主义视为可以分离的两个不同过程，既否定了马克思主义的当代价值，也曲解了中国特色社会主义的马克思主义本质。

毫无疑问，在当代中国，只有马克思主义而不能有别的什么主义能作为继续推进改革开放的指导思想。这里所谓别的"什么主义"指的是非马克思主义，如西方民主社会主义、新自由主义或者新儒学之类，而不是指马克思和恩格斯创立的马克思主义。对中国共产党人来说，马克思列宁主义、毛泽东思想，就属于必须坚持的同一个马克思主义之内，而不是别的"什么主义"。中国共产党再三强调中国特色社会主义理论体系与马克思列宁主义、毛泽东思想既一脉相承又与时俱进，正在于强调当代中国马克思主义形态的马克思主义本质。

马克思主义中国化是一个永无止境的不会终结的过程，马克思主义与中国实际相结合是一个不断与时俱进的过程。不可能存在只要中国化的马克思主义，不要马克思主义的中国化。中国化的马克思主义一旦与马克思主义中国化相剥离，把马克思列宁主义从当代中国马克思主义中"清洗"出去，就是马克思主义在中国发展的终结。

下篇
如何发展马克思主义

▌ 真理没有新旧，"老祖宗"不能丢

　　任何一门具有科学性的思想体系，都是由一系列原理构成的。自然科学是这样，社会科学也是这样。科学体系的某些原理，它的不完备可以为新的事实和理论所补充，被证明为过时的、不适用的原理也可以为新原理所取代。这是科学发展的普遍规律，是人类实践和认识的进步。但是，认识的可靠性是以其中包含的真理性颗粒为尺度，而不是以出现的时间长短为准则。在认识史上可以有古老的真理，也可以有最新的谬误。因此，某个原理是否要被抛弃或被取代，不取决于它出现的时间，而是取决于理论本身的正确程度。

　　邓小平一直强调"老祖宗"不能丢。他坚持"一定不要忘记了马克思列宁主义，不要丢掉这个最根本的东西"①，他还强调："毛泽东思想这个旗帜丢不得。

①《邓小平文选》第一卷，人民出版社 1994 年版，第 283 页。

丢掉了这个旗帜，实际上就否定了我们党的光辉历史。"① 邓小平之所以强调"老祖宗"不能丢，正是因为马克思列宁主义、毛泽东思想是被实践反复证明了的科学体系，而凡被实践证明了的科学理论是不能被随便推翻的。

马克思和恩格斯逝世以后的100多年间，马克思主义过时论从来没有断过。一些人以时代的变化为借口，说马克思主义具有维多利亚时代的印记，在现代还坚持马克思主义，如同有了电子显微镜仍然使用放大镜一样。过时论已经出现过1000遍，现在仍在重复。不同的是，由于苏联解体和东欧剧变，马克思主义破产论更是甚嚣尘上。破产论本质上仍是过时论，是过时论的变种。可连一些明智的西方学者都明白，马克思主义是不可能被消灭的，他们说："苏联共产党政权在欧洲的垮台宣告了冷战的结束，但还不等于马克思主义对资本主义挑战的结束""再度兴起的马克思主义对西方古典主义的思想的挑战，会比苏联共产党政权曾经构成的挑战更令人生畏"。邓小平高瞻远瞩，在东欧剧变、苏联解体后世界人民陷于困惑之际，他明确指出："马克思主义是打不倒的。打不倒，并不是因为大本子多，而是因为马克思主义的真理颠扑不破。"他还说："我坚信，世界上赞成马克思主义的人会多起来的，因为马克思

链接阅读

东欧剧变:1989年前后，东欧一些社会主义国家共产党和工人党在短时间内纷纷丧失政权，社会制度随之发生根本性变化的事件。

苏联解体:20世纪90年代初，苏联共产党由于失去执政地位，由15个加盟共和国组成的苏维埃社会主义共和国联盟解体的事件。

---

①《邓小平文选》第二卷，人民出版社1994年版，第298页。

主义是科学。"①马克思主义的真理性和科学性，是它不会过时、不会被消灭的保证。事实也是如此。马克思主义在中国的新发展、新胜利不用说，西方在经过苏联解体、东欧剧变的最初的猛烈冲击之后，马克思主义的重新复兴和宣传攻势日趋活跃，各种大型的马克思主义的国际会议频频举行，如1996年7月英国《社会主义者评论》杂志等单位组织的"96马克思主义大会"，1997年10月由《当今马克思主义》杂志、"马克思世界协会"等主办的"十月社会主义革命"国际讨论会、1998年5月由法国"马克思世界协会"主办的"纪念《共产党宣言》发表150周年巴黎国际大会"，与会人员多达千人甚至数千人。即使在苏联和东欧地区，马克思主义和左派力量仍然是不可忽视的。我曾在一首纪念十月革命胜利70周年的诗中写道："水行地底静寂寂，俯身侧耳有洪波。"马克思主义的火种是扑灭不了的。

马克思主义之所以打不倒，正因为它是真理、是科学。马克思主义是由马克思和恩格斯创立的，由它的后继者所坚持和发展的关于无产阶级和人类彻底解放、关于人类最终推翻资本主义建立社会主义—共产主义的创造性的开放的思想体系。从马克思和恩格斯所创立的马克思主义体系来看，马克思主义包括它的新世界观、对资本主义的经济分析和由此得出的关于社会主义革命的一系列结论。可见，马克思主义创立时的马克思主义包括两个不同的部分：一部分是根据当时的实践（包括自然科学成就和社会科学成就）直接概括的经过验证的理论，如哲学理论和关于资本主义生产方式的本质和基本矛盾的理论、关于价值和剩余价值的理论等；另一部分，尽管包括具有科学性的基本原则，但是没有经过实践检验，属于推测和假设的理论，如关于无产阶级如何取得政权、关

---

①《邓小平文选》第三卷，人民出版社1993年版，第382页。

于社会主义的基本特征等。马克思和恩格斯当时只能从西方资本主义现实出发考虑无产阶级取得政权的方式，只能从与西方现实资本主义对立的角度逻辑地考察社会主义的基本特征。所谓公有制与私有制的对立、计划经济与市场经济的对立、<u>按劳分配</u>与<u>按资分配</u>的对立，讲的是抽象形态中的两种社会形态的对立性。至于在建立现实社会主义的过程中，在特定条件下也可能出现不是非此即彼而是亦此亦彼同时并存的局面，却不在他们思考之列，因为现实并没有提出这个问题。因此，马克思主义的体系始终是未完成的，即不是封闭的体系。列宁和毛泽东就依据实践经验，对无产阶级如何根据本国特点夺取政权，各自大大发展了马克思主义。至今，西方发达资本主义国家的马克思主义者仍在就发达国家如何革命的问题进行探索。而邓小平则根据经济文化

链接阅读

按劳分配： 全称是"各尽所能，按劳分配"，是在生产资料社会主义公有制条件下，按照个人提供给社会的劳动的数量和质量分配个人消费品，多劳多得、不劳不得的分配原则。

按资分配： 全称是"按资本要素或生产要素分配"，是指根据各种生产要素在商品和劳务生产服务过程中的投入的比例和贡献大小给予的报酬。

★ 邓小平指出，马克思主义打不倒，并不是因为大本子多，而是因为马克思主义真理颠扑不破。图为邓小平故居　中新图片／邱海鹰

落后的中国的实践经验，对什么是社会主义和如何建设社会主义的问题进行了创造性的研究，提出了建设有中国特色的社会主义理论，在当代中国把马克思主义发展到一个新的阶段。马克思主义中凡是经过实践检验的原理，都应该不断总结新的实践经验和科学成就使其丰富和发展；凡属原来未经检验、未经实践的原理，则应该根据新的实践和新的经验去验证、补充和纠正，即用新的原理代替过时的旧的原理。一部马克思主义史就是不断创造性发展和用新的原理代替个别旧的原理的过程。这与马克思主义过时论是截然不同的。马克思主义过时论是针对马克思主义整个体系说的，就体系而言，马克思主义永远不会过时，因为它以实践为源头活水，不断与时俱进；会过时的是个别原理，而个别原理的过时，正是整个体系永具活力的保证。

所以，马克思主义本身就包括如何对待马克思主义的问题。不知道什么是马克思主义，就不知道如何对待马克思主义。反过来，不知道如何正确地对待马克思主义，把经典著作中的只言片语、把一些具体结论、把一些未经检验的推理和预测当成永恒不变的原则，就弄不清什么是马克思主义。我们说老祖宗不能丢，不仅是指经实践检验过的基本原理不能背弃，也是指马克思主义关于应该如何对待马克思主义的态度和方法不能丢。

马克思主义不能空谈，必须运用

有人经常问，马克思主义哲学有什么用？我回答说，马克思主义哲学的最大用处存在于用之中，不用则无用，用则有用。例如，实践是检验认识真理性的唯一标准，解放思想、实事求是，科学技术是生产力，等等，都是理论工作者甚至普通知识分子耳熟能详的原理。我们党以马克思主义哲学为先导，结合当代世界和中国的实际，在中国开辟了社会主义历史的新时代、新局面，开辟了马克思主义在中国发展的新阶段。党的十一届三中全会以来的历史，极其充分地显示了马克思主义世界观和思维方法的巨大威力。

哲学变革是政治变革的导言，这是恩格斯通过总结法国和德国资产阶级革命揭示的一条规律。法国百科全书派的启蒙思想揭开了法国资产阶级大革命的序幕，而德国从康德到黑格尔的哲学革命，则以枯燥的哲学命题曲折隐晦地反映了德国发展资本

链接阅读

法国百科全书派：18世纪中后期，160多位当时法国著名的思想家和科学家编撰了一部《百科全书》，此书由狄德罗主持编写，宣扬科学和理性，反对迷信和专制，这些人被称为"百科全书派"。他们是法国启蒙运动的重要力量。

★ 狄德罗画像　文化传
播 / 供图

主义的要求。无产阶级革命更是如此。可以说，马
克思和恩格斯毕生都在从事为无产阶级革命夺取政
权而进行的思想变革工作。他们创立新的革命学说，
用马克思主义来武装工人阶级和工人政党，把形形
色色的空想主义、无政府主义以及各种各样的资产阶
级和小资产阶级的思潮从工人运动中驱逐出去。这
项思想变革的工作长达数十年，最后无产阶级革命
才第一次在俄国取得胜利。没有这种思想变革，无
产阶级及其政党就不可能成为一支自觉的、有组织
的政治力量，更不用说成为统治阶级了。

　　我国是无产阶级已经处于统治地位的社会主义
国家。我们所进行的改革涉及经济体制和政治体制
方方面面的问题，就其深度、广度和困难程度而言
都不亚于一场革命。这场改革的导言同样首先是思
想领域，是哲学变革。而这个思想变革难度更大，
因为它所要反对的是各种各样以经典作家的只言片
语拼凑起来的所谓马克思主义，是对马克思主义的
附加和错误解释，是被曲解或理解错了的社会主义，
而其中不少就是我们自己亲手培育和创建起来的经
济和政治体制。因而这个拨乱反正、正本清源的思
想解放运动比起反对任何资产阶级思想的工作都更
为困难。邓小平的伟大英明正在于：他紧紧抓住思
想变革，从恢复党的思想认识路线入手，为经济体
制和政治体制改革清除思想障碍。

　　我们党首先以实践是检验认识真理性的唯一标

准的大讨论为契机，破除了"两个凡是"，为纠正毛泽东晚年错误以及长达 20 年的"左"的错误找到了比任何个人权威更有权威的权威，即人类的实践活动。这是任何一个马克思主义者都不会否认、也不能否认的权威。在长期个人崇拜影响下的中国，在粉碎"四人帮"以后仍沿着"两个凡是"路线滑行的中国，只有以实践是检验认识真理性的唯一标准开路，才具有如此的回天之力。接着，我们党又着力恢复解放思想和实事求是的思想认识路线，以思想解放为先导，破除僵化半僵化的思想束缚，力求实事求是，以实事求是为依据解放思想。这样，不仅能越来越深入地总结国际和国内社会主义建设的正反两方面的经验教训，并且逐步形成了中国特色社会主义理论体系，在中国大地上实现了马克思主义与中国实际相结合的第二次飞跃。哲学变革是政治变革的先导，在中国社会主义自我完善的改革中同样得到了证实。

★ 1978 年 5 月 10 日，中共中央党校《理论动态》发表《实践是检验真理的唯一标准》一文。5 月 11 日，《光明日报》以特约评论员名义公开发表此文。此后，关于真理标准问题的大讨论在全国展开　海峰／供图

　　真正的哲学是时代精神的精华，这是马克思的著名论断。人们往往容易把这个命题看成新哲学体系的创造，以为哲学的应用似乎永远达不到把握时代精神精华的境界。其实不然，马克思主义哲学的创立是人类思想史上的伟大变革，而根据时代的需要结合实际，运用马克思主义哲学的原理解决时代面临的重大问题同样是个创造。马克思说过，世界历史的发展过程就是不断提出问题并要求人类予以正确解决的过程。谁能敏锐地把握时代面临的问题并从理论和实践相结合上予以解决，谁就是伟大理论的创造者。邓小平积极支持并指导的关于实践是检验真理的唯一标准的大讨论的巨大意义和理论价值，正在于这个问题的提出和解决抓住了中国当时面临的向何处去的问题。这是社会主义在中国存亡兴衰的问题，也是关系到中华民族的前途和命运的问题。实践是检验真理的唯一标准是个老命题，至少从1845年算起已经经历了170多年，可中国面临的问题是新的，是历史上从来没有过的。一个老的命题之所以能解决一个如此重大的新的问题，不仅在于这个命题本身的真理性，更在于处于新时代的运用者透彻地理解了时代的需要，创造性地运用了这个原理。因此，实践标准讨论在当代中国的作用不仅仅是理论的作用，而且是理论与实践相结合所爆发出的力量。

　　同样，实事求是是马克思列宁主义、毛泽东思想的精髓。辩证唯物主义和历史唯物主义的本质就是实事求是和解放思想，它体现了辩证法与唯物主义、辩证唯物主义与历史唯物主义的统一。我们党并不是简单地重复这一原则，而是在新的历史条件下面对新的问题，创造性地运用这些原则。不解放思想，就不敢提出什么是马克思主义、什么是社会主义、什么是当代中国的现实等所谓依据经典有定论的问题。不实事求是，就不能立足现实，通过总结国际国内的正反两方面的经验科学地回答这些问题，确立中国特色社会主义的新道路、新措施、新办法。所以，实事求是和解放思想虽然是马克思主义的一贯原则，但我们党在运用中被赋予了新的内容，成为开辟社会主义改革开放和现代化建设新时期、创立中国特色社会主义理论体系的强有力的思想武器。中国特色社会主义理论体系思维方法的特色就是理论联系实际，着眼于时代特点创造性地运用马克思主义，反对本本主义。邓小平说过："实事求是是马克思主义的精髓。要提倡这个，不要提倡本本。""我读的书并不多，就是一条，相信毛主席讲的实事求是。过去我们打仗靠这个，现在搞建设、搞改革也靠这个。"[1] 可以说，我们党在如何对待马克思主义的问题上一贯坚持有的放矢的原则。

宋代著名哲学家叶适曾说过一段很有见解的话，他把需要讨论的问题比为"若射之有的也，或百步之外，或五十步之外，的必先立，然后挟弓注矢以从之。故弓矢从的，而非的从弓矢也"。的必先立，矢要从的，而非的要从矢，这是一条重要的唯物主义的原则。毛泽东极力反对强的以从矢的教条主义态度，反复强调有的放矢，反复强调马克思主义不能脱离中国的实际。邓小平多次说，我们对什么是马克思主义、什么是社会主义没有完全弄清楚。这

---

①《邓小平文选》第三卷，人民出版社 1993 年版，第 382 页。

链接阅读

叶适（1150—1223）：字正则，永嘉（今浙江温州）人，晚年讲学于永嘉城外的水心村，故又被称为"水心先生"，南宋思想家、文学家、政论家，永嘉学派集大成者。著作有《习学记言》《水心先生文集》等。

★ 叶适画像

就是说，我们对矢必从的而的非必从矢的原则没弄清楚。我们要坚持马克思主义，但必须是与中国实际相结合的马克思主义。我们要坚持社会主义，但必须是中国特色社会主义。因此，马克思主义必须是创造性的，必须是发展的。

矢必从的、非的从矢是正确的论断。可要真正弄清的之为的，又必须以正确的理论观点为指导。的必先立绝不是不要理论，因为在人的实践中确立"的"的过程，就是总结经验进行理论分析的过程。在中国革命中，不以马克思主义为指导来分析中国的各种经济成分的比重，分析中国的各种阶级关系和阶层的状况，就无法正确把握中国社会的性质。毛泽东的《中国社会各阶级的分析》《中国革命和中国共产党》《新民主主义论》等都是分析中国国情，以矢射的的名作。同样，党的十一届三中全会以来，我们党的许多重要文献，对我国的生产力状况、工农业的比重、自然经济半自然经济的比重、文盲半文盲在人口中的比重、科学技术文化教育落后的状况、贫困人口和地区经济发展不平衡等状况，都有科学的分析。这些分析，立足国情，以矢射的，把握住了我国社会主义初级阶段的现实，并以此为据提出了中国特色的社会主义理论。

世界无不变之的，亦无不变之矢。以矢射的，的变，矢当然也要变。在当代中国，只有把马克思主义同当代中国实践和时代特征结合起来的习近平新时代中国特色社会主义思想，而没有别的理论能够解决社会主义的前途和命运问题，讲的就是这个道理。有的同志说，这是不是多矢（马克思列宁主义、毛泽东思想、邓小平理论、"三个代表"重要思想、科学发展观、习近平新时代中国特色社会主义思想）一的（中国当代实际）？是一的多矢，还是只能一矢（习近平新时代中国特色社会主义思想）一的？这种怀疑或困惑，是把马克思列宁主义、毛泽东思想、邓小平理论、"三个代表"重要思想、科学发展观、习近平新时

★ 庆祝中华人民共和国成立70周年大会群众游行中的"贯彻习近平新时代中国特色社会主义思想"巨幅标语　中新图片／富田

代中国特色社会主义思想分为相互排斥的三种体系。实际上我们只存在一种主义，这就是马克思主义，一种科学思想体系，这就是马克思主义思想体系。习近平新时代中国特色社会主义思想是马克思主义与当代中国实际和时代特征的结合，是马克思主义在当代中国的创造性发展，是21世纪的中国马克思主义，而不是不同于马克思主义的另一种体系。习近平总书记强调："马克思主义始终是我们党和国家的指导思想，是我们认识世界、把握规律、追求真理、改造世界的强大思想武器。"[1] 离开了马克思主义就无法理解习近平新时代中国特色社会主义思想，也不可能产生习近平新时代中国特色社会主义思想；反之，离开习近平新时代中国特色社会主义思想也就没有

---

① 习近平：《在纪念马克思诞辰200周年大会上的讲话》，人民出版社2018年版，第15页。

马克思主义在当代中国的发展，马克思主义在中国就会由于变为僵死教条而丧失它的生命力。

在当代中国只有习近平新时代中国特色社会主义思想而没有别的理论能解决社会主义的前途和命运问题。所谓别的理论，指的是非马克思主义理论。例如，西方的经济理论和政治理论，以及当今颇为热门的新儒家倡导的儒家治国论，等等。西方的经济和政治理论可以借鉴，但不能作为我们改革的指导原则，儒家学说也是如此，尽管它是中国的东西。在封建社会中，有人倡言半部《论语》治天下。但没有一个王朝是用半部《论语》治国安邦的，更不用说用《论语》来挽救封建制度的衰亡了。那种把马克思主义说成是异族文化、是外来文化，企图恢复儒学在当代中国的主导地位的意图，是极不现实甚至是荒唐可笑的。

念好马克思主义"真经"

习近平总书记指出：马克思主义就是我们共产党人的"真经"，"真经"没念好，总想着"西天取经"，就要贻误大事！强调马克思主义是我们共产党人的"真经"，要求共产党人念好自己的"真经"，充分体现了共产党人与马克思主义"体"与"魂"的关系。我们一定要按照习近平总书记的要求，深刻感悟和把握马克思主义的真理力量，谱写新时代中国特色社会主义新篇章。

在马克思诞辰 200 多年、《共产党宣言》发表 170 多年的今天，仍然有人总想着"西天取经"，甚至说马克思主义是政治的、官方的、非学术性的，所以没有学术含量。这真是奇谈怪论。我们共产党人要念好马克思主义"真经"，以提高马克思主义理论研究的学术性为抓手，原原本本学习和研读马克思主义经典著作，努力把马克思主义立场、观点、方法学到手，作为自己的看家本领。

链接阅读

《共产党宣言》：马克思和恩格斯为世界上第一个共产主义组织——共产主义者同盟起草的纲领，也是国际共产主义运动的第一个纲领性文献，1848 年 2 月在伦敦正式出版。《共产党宣言》的发表标志着马克思主义的诞生，它第一次全面系统地阐述了科学社会主义理论，为认识人类社会发展提供了科学的方法论，为无产阶级革命提供了行动指南。

★ 马克思和恩格斯撰写《共产党宣言》时所在的"天鹅之家"餐厅　曾志／供图

马克思主义当然是政治的。它是为工人阶级进行政治斗争而产生的，非政治的马克思主义从来没有过。至于官方的马克思主义，不是从来就有的，而是工人阶级取得政权以后才出现的。在社会主义国家，马克思主义之所以具有官方性，是因为它在社会主义意识形态中处于主导地位，从思想和理论上捍卫社会主义制度。在社会主义中国，马克思主义是我们党的指导思想，代表国家意志和人民根本利益，岂能是非官方的意识形态？如果马克思主义成为非官方的、超政治的所谓价值中立的学说，倒是一件不可思议的事情。更应看到，在社会主义国家，如果马克思主义被边缘化甚至在党和国家的指导地位被取消，那就是一条自我毁灭之路。因为，如果共产党抛弃或背离马克思主义的指导，就必然接受形形色色的资产阶级思想。苏联解体、东欧剧变就是活生生的例子。习近平主席强调："历史是最好的老师，它忠实记录下每一个国家走过的足迹，也给每一个国家未来的发展提供启示。"① 教训犹在，殷鉴不远，中国共产党绝不会重蹈这个覆辙。

有人提出，回归马克思经典著作研究就是回归纯学术研究。这属于似是而非的说法。马克思主义鲜明的政治性，正是源于马克思经典著作的政治性。马克思经典著作具有鲜明的政治性和明确的阶级性，马克思是为工人阶级和人类解放而进行研究和著述。马克思首先是个革命家，这就决定了马克思经典著作不可能是非政治性的，因而对马克思经典著作的研究同样是有政治性的。只要读读西方一些学者从马克思经典著作中断章取义得出的反对马克思主义的结论，就不难发现对马克思经典著作的研究完全可以有两种不同的立场和态度。马克思经典著作是共产党人的思想武器，而不是超政治的"象牙塔"。我们要认真学习和研究马克思经典著作，掌握和精通马克思主义基本原理，进而用马克思主义的立场、观点、方法分析问题，解决问题。

列宁说过，建筑在阶级斗争上的社会是不可能有"公正"的社会科学的。一些人认为西方学者公正无邪，不偏狭于阶级，唯真理而求索。这实在是一种天真的善良愿望。相反，一些严肃的西方学者却不这样看，如美国经济学家、诺贝尔经济学奖获得者索洛说："社会科学家和其他人一样，也具有阶级利益、意识形态的倾向以及一切种类的价值判断。但是，所有的社会科学的研究，与材料力学或化学分子结构的研究不同，都与上述的（阶级）利益、意识形态和价值判断有关。"应该说，这是坦诚而真实的。在阶级社会和有阶级存在的社会，正如列宁所说，

---

① 习近平:《在德国科尔伯基金会的演讲》,《人民日报》2014 年 3 月 30 日。

"没有一个活着的人能够不站到这个或那个阶级方面来"①。在当代西方世界，难以找到纯而又纯、非政治性的社会科学著作。例如，哈耶克的《通往奴役之路》、福山的《历史的终结》、亨廷顿的《文明的冲突》等，哪有单纯的学术性而没有政治性？为什么马克思主义的政治性就妨碍学术性，成为一些人妄图将其驱逐出学术领域的根据呢？

在一些人看来，研究马克思主义没有什么学术性，只有研究中外某个大思想家的著作才叫学术研究。这是对什么是学术的错误理解。对中外著名思想家的研究当然具有很高的学术性，需要专门人才进行深入研究，并正确诠释和解读其思想，以便继承其智慧。以习近平同志为核心的党中央高度重视中华优秀传统文化创造性转化、创新性发展的原因，也正在于此。可以说，在当代哲学社会科学中，马克思主义不仅具有高度政治性，而且具有高度学术性，因为它是建立在揭示世界发展普遍规律和人类社会发展规律基础之上的学说。

马克思、恩格斯特别重视自己研究的学术性。恩格斯说过，"社会主义自从成为科学以来，就要求人们把它当做科学来对待，就是说，要求人们去研究它"②。他在讲到马克思《资本论》研究时还说过，"经济学不是一头供给我们黄油的奶牛，而是一门需要人们认真地热心地投入其中的科学"③。马克思、恩格斯以毕生精力从事马克思主义科学理论的创造，这是人类历史上最艰巨最困难的学术工作。他们留下的卷帙浩繁的著作和手稿，以无可辩驳的事实证明了这一点。应该说，对马克思和马克思思想的研究，即便是一个水平很高的研究者，穷其毕生精力也很难全面掌握这个丰富的思想体系。

①《列宁选集》第一卷，人民出版社 2012 年版，第 135 页。
②《马克思恩格斯文集》第二卷，人民出版社 2009 年版，第 219 页。
③《马克思恩格斯全集》第二十一卷，人民出版社 2003 年版，第 307 页。

自马克思主义产生后，马克思主义研究逐渐成为一门显学。不仅马克思主义革命者和理论家们深入研究马克思主义，而且马克思主义的反对者也对马克思主义进行研究。不管是马克思主义者还是不同意甚至反对马克思主义的学者，都无法绕开马克思和马克思主义。马克思主义是学术宝库，是哲学社会科学的一座巍巍学术高峰。当然，并不是研究马克思主义理论就天然具有学术性。一门学说的学术性和研究者的学术水平是不能等同的。实际上，在任何学科中，研究者的水平都是参差不齐的，有高峰，有平原，也有低谷。每门学科都有大学者，也有成就一般甚至毫无成就的人。这无关学科的学术性，而是与研究者个人的资质、条件与努力有关。马克思主义理论工作者在增强政治意识的同时，应该努力提高自己研究和教学的学术含金量。很多有成就的研究者就是这样做的。只要不心存偏见就可以看到，马克思主义理论研究水平和思想理论课的水平在逐年提高，出版的著作和学术论文的学术含量也在不断增加。当然，与理论创新和实践发展的要求相比还有较大距离，广大马克思主义理论工作者仍需不断努力。

中国共产党历来高度重视马克思主义理论研究的学术性问题。这是因为，坚持马克思主义在意识形态领域的指导地位，坚守社会主义意识形态阵地，有力回击反马克思主义的思潮，提高人们正确理解社会问题和辨别各种错误思潮的能力，都必须提高马克思主义研究的学术水平。在马克思主义研究领域，光凭口号是无济于事的，正如枪里没有子弹是不可能克敌制胜的。只有彻底的理论才有最充分的说服力，只有精通马克思主义理论才会掌握彻底的理论。真正巩固马克思主义在意识形态领域的指导地位，我们共产党人必须念好马克思主义"真经"，把马克思主义作为一门科学来探索、作为一门学术来研究，不断提高自己的学术水平。要认真学习马克思主义经典著作、掌握马克思主义基本原理，特别是要深入学习习近平新时代中国特色社会主义思想，在学懂弄通做实上下真功夫、苦功夫。马克思主义研究成果的含金量越高、学术性越强，就越有说服力。如果说在专业课领域的一个错误观点会影响学生的知识水平，那么，在马克思主义研究领域的一个错误观点则可能影响人的一生。在每一个重大理论和现实问题上，马克思主义理论工作者都必须旗帜鲜明、观点正确，而且具有学术含量，任何信口开河、打马虎眼都是行不通的。

天马行空，不知所云，不是学术性而是毫无价值的"废钞"。当前，对我国的马克思主义研究来说，真正称得上是学术研究工作的应具有双重特点：一是以问题为导向，立足现实，捕捉新时代坚持和发展中国特色社会主义遇到的重大问题。没有问题意识、不研究问题的所谓学术研究是没有价值的。二是对问题的研究、分析必须上升为理论。既然是理论，当然要运用概念，当然会有逻辑论证，排除概念和逻辑论证就不可能有理论分析。毛泽东在《整顿党的作风》中专门论述过什么是理论研究、

★ 学习出版社、人民出版社出版的《习近平新时代中国特色社会主义思想学习问答》书影

什么是理论家的问题。他说："我们所要的理论家是什么样的人呢？是要这样的理论家，他们能够依据马克思列宁主义的立场、观点和方法，正确地解释历史中和革命中所发生的实际问题，能够在中国的经济、政治、军事、文化种种问题上给予科学的解释，给

予理论的说明。"① 可见，马克思主义研究既是理论的、又是实践的，既是政治的、又是学术的。理论与实践的统一，这就是我们共产党人提倡的学术性。

---

① 《毛泽东选集》第三卷，人民出版社 1991 版，第 814 页。

坚持和发展马克思主义，就必须捍卫恩格斯

恩格斯和马克思是两个人，又是一个人。从理论角度来说，他们是一个人，是同一学说、同一理论、同一主义的共同创造者。用列宁的话来说就是，"他们两人始终过着充满紧张工作的共同精神生活"，他们"共同创立科学社会主义"[①]。

在人类思想史上，由两个人终生合作，共同创造同一种学说的情况是绝无仅有的。在西方，亚里士多德主义的创始者是亚里士多德，黑格尔主义的创始者是黑格尔；在东方也一样，儒家学说的创始人是孔丘，墨家的创始人是墨翟。当然，同一种学说可以有多个代表人物，可以有信仰者、追随者和传人，形成不同的学派。但这种学说的首创者始终是一个，是某一个人的"一家之言"。

链接阅读

墨翟（约公元前 468—公元前 376）：即墨子，鲁国人，一说宋国人，战国初期思想家、政治家，墨家学派创始人和主要代表人物。他提出了"兼爱""非攻""尚贤""尚同""天志""明鬼""非命""非乐""节葬""节用"等观点，在战国时期影响很大。《墨子》一书记录了他的言行。

---

① 《列宁选集》第一卷，人民出版社 1995 年版，第 94 页。

　　马克思主义则与此不同。它是由马克思、恩格斯相互合作历时数十年共同创立的学说。由志同道合、才智相当的两位旷世奇才作为同一种学说的创立者，看似偶然，似乎是微不足道的历史细节，实际上却包含着马克思主义发展史上的深刻意义。

　　第一，马克思和恩格斯虽然家庭出身和个人经历不同，但处于相同的历史条件和时代背景，具有相同的政治信仰。对于他们来说，创立马克思主义是为无产阶级获得解放锻造理论武器，而不是单纯为了著书立说。早在 1845 年，恩格斯在写给马克思的一封信中就非常准确地表达了这一点。恩格斯在信中对共产主义书刊在德国的传播和共产主义小组逐个建立表示高兴，但对缺乏科学理论表示忧虑，他

★ 马克思和恩格斯雕像　中新图片/王冈

对马克思说，"目前首先需要我们做的，就是写出几部较大的著作，以便向许许多多非常愿意干但只靠自己又干不好的一知半解的人提供必要的依据"[1]。可以说，马克思和恩格斯的全部著作都是直接或间接服务于这个根本目的：给无产阶级和人类解放以"必要的支点"。共同的政治目的使马克思和恩格斯牢固地结合在一起，生死与共，风雨同舟。

第二，马克思主义是一个科学体系。马克思和恩格斯在著作中提出和创立的不是一种仅仅为他们两人所赞同的看法、观点或意见，而是一种科学学说，是对于被研究对象的规律的揭示。马克思和恩格斯长达40年的共同合作建立在科学的基础上，尊重科学、探索规律，而不是单纯的意见一致。以意见为依据的一致是暂时的，是不可能持久的。

第三，马克思主义科学体系包括哲学、政治经济学和科学社会主义各方面的内容，其中任何一个领域的新发现，都要求付出艰巨的劳动。马克思和恩格斯是"共创互补"的关系，正是他们的共同创造和各自的特殊贡献，才使马克思主义科学体系的诞生成为历史事实。

历史的必然性和各种偶然机遇，使恩格斯同马克思一道成为马克思主义的创始人。这是历史的事实。正因为如此，力图改变这个事实，使马克思和恩格斯对立，也就成了长期以来反对马克思主义的一种常见和惯用的手法。

制造马克思和恩格斯对立的神话，从19世纪40年代就已经出现了。19世纪末，德国资产阶级教授保尔·巴尔特，后来的伯恩施坦、海德门都鼓吹这种观点。从20世纪20年代的卢卡奇、科尔什一直到一些当代的西方马克思学家调门越唱越高，他们力图把马克思和恩格斯的关系说成是"私交"，竭力冲淡、抹杀他们政治和理论观点的一致性。有

[1]《马克思恩格斯文集》第十卷，人民出版社2009年版，第28页。

的学者，例如法国的吕贝尔，不仅否认恩格斯和马克思共同创立马克思主义，而且根本否认有马克思主义，把马克思主义说成是恩格斯的伪造，是由恩格斯的脑袋中构想出来的。诸如此类的论调，不胜枚举。

项庄舞剑，意在沛公。制造马克思和恩格斯对立的神话、反对恩格斯的根本目的还是为了反对马克思主义。所谓马恩对立，无非是青年马克思和老年马克思对立的另一种说法而已。不过马恩对立论更具有蛊惑性和虚伪性，他们扬马抑恩以示客观和公正，把实际的政治目的和尖锐的意识形态斗争隐藏在烦琐的学术考证和比较研究之中。英国《新左派评论》的主编安德森，在《西方马克思主义探讨》中对这种现象的产生及其实质曾作过比较深刻的分析："事实上，西方马克思主义是以对恩格斯的哲学遗产发生决定性的双重批驳而开始的，这种批驳是由科尔什和卢卡奇分别在《马克思主义与哲学》和《历史与阶级意识》两书中进行的。从那时以后，西方马克思主义实际上所有思潮——从萨特到科莱蒂，从阿尔都塞到马尔库塞——一般都反对恩格斯后来的著作。然而，一旦恩格斯的贡献被认为不值一顾，马克思本身的遗产的局限性就显得比以前更明显，对它加以补充也就更成为当务之急了。"①

正因为马恩对立是两个马克思对立的翻版，因

链接阅读

吕贝尔：（1905—1996），法国哲学家，西方"马克思学"学者的主要代表人物。生于奥匈帝国的切尔诺维茨（今属乌克兰），1931年移居法国。他虽然标榜"客观""独立"，但其立场却是资产阶级的，是反马克思主义的。著有《卡尔·马克思著作目录》《卡尔·马克思思想传略》等。

---

① ［英］佩里·安德森：《西方马克思主义探讨》，高铦等译，人民出版社1981年版，第78页。

此所有对恩格斯的指责，往往都借助于曲解马克思早期的两个手稿——《1844 年经济学哲学手稿》和《关于费尔巴哈的提纲》。

西方马恩对立论者以《1844 年经济学哲学手稿》（以下简称《手稿》）为所谓的依据，把马克思说成是"人本主义的马克思主义"，而把恩格斯说成是"科学主义的马克思主义"。他们把统一的马克思主义科学体系，曲解为包括两种相互对立体系的杂拌儿。他们对马克思主义科学体系的这种看法，是西方思潮中科学主义与人本主义对立的折光。早在《手稿》刚刚全文公布时，朗兹胡特就强调，随着《手稿》的发表，"对马克思的理解获得了崭新的意义"，通过恩格斯、考茨基、伯恩施坦、卢森堡，最后通过列宁而固定下来的，不仅对马克思主义者而且对反马克思主义者都具有权威意义的马克思的全部观点，现在完全改观了。所谓"完全改观"，就是发现马克思主义是所谓的人道主义的马克思主义。至于塔克尔则更加明确、更加露骨地宣扬两种马克思主义的对立。他把《手稿》称为"马克思本人的马克思主义"，认为这种马克思主义同恩格斯称为唯物主义历史观或科学社会主义的那种马克思主义有很大区别。在西方，效颦者不乏其人。把马克思称为"人类中心论者"、把恩格斯称为"自然中心论者"的观点，成为颇为流行的时尚。

我们不必列举马克思对自然和自然科学的热情

链接阅读

卢森堡（1871—1919）：德国和国际工人运动著名活动家、理论家，德国社会民主党和第二国家左派领袖之一，德国共产党创始人之一。生于波兰卢布林省，后移居柏林并取得德国国籍。

关怀和深刻研究，也不必争辩恩格斯对无产阶级和人类彻底解放的倾心关注，更不必论述《手稿》的本质。《手稿》虽然保留有费尔巴哈人本主义的烙印，但它的最主要之点是通过扬弃私有制，消除异化，为无产阶级和人类解放寻找一条道路。我们这里需要澄清的是关于马克思主义科学体系的本质问题。把马克思主义归结为人道主义或科学主义都是曲解，马克思主义体系包含着科学与价值的统一。

马克思主义体系是无产阶级解放的理论，它包含着对人的自由和人的全面发展、人类彻底解放的追求。但马克思主义从来都不把自己说成是所谓"人"的代表，而是作为当时已经历史地产生的无产阶级利益的代表，它也不是从资本主义制度下"人"的处境出发，而是从无产阶级和劳动者在资本主义制度下的处境和地位出发；它不是寻求所谓"人"的解放道路，而是寻求无产阶级解放的道路。马克思和恩格斯一致认定，只有首先解放无产阶级，彻底改变资本主义剥削制度，才能使人类获得解放。他们不是脱离无产阶级解放去寻找一般人的解放，而是把无产阶级解放作为人类解放的必经之路。因此，马克思、恩格斯对无产阶级和劳动者的关怀，才是真正对资本主义制度下人的处境的关怀。这不仅是因为无产阶级和劳动者是资本主义社会中人口的大多数，而且是因为只有解放无产阶级才能解放全人类。首先是解放无产阶级，这是马克思主义和抽象人道主义关于人的解放理论的一个重要分界线。

马克思主义又是科学体系。马克思主义关于人类解放的理论，不是建立在公平、正义、人道、自由、良心等道德范畴的基础上，而是以客观规律为依据。在马克思主义体系中，任何一个组成部分都包含着对规律的揭示：马克思主义的经济学说，是研究支配资本主义社会的生产和分配规律的科学，它包含揭示资本主义经济制度的本质和运行的一系列规律和范畴；马克思主义的社会主义是科学社会主义，它是以资本主义社会基本矛盾和社会形态更替的规律为依据的，正如恩格斯说的，"现代社会主义必获胜利的信心，正是基于这个以或多或少清晰的形象和不可抗拒的必然性印入被剥削的无产者的头脑中的、可以感触到的物质事实，而不是基于某一个蛰居书斋的学者的关于正义和非正义的观念"①；马克思主义哲学同样是以客观规律为内容的。不少理论者把哲学与科学绝对对立起来，认为哲学不是科学，它只是一种意见、一种看法、一种信仰。这种说法不全面。哲学当然不同于实证科学，但哲学的内容和观点的确有真理和谬误、正确和错误、科学和不科学之分。把哲学仅仅视为价值体系，看作哲学家的意见和信仰，实际上是把全部哲学看成一锅粥。其实任何有成就的哲学体系，都或多或少包含着对宇宙、对社会、对人生的某种规律性的观点。使某种哲学体系能长久留传、为后人所继承和吸收的正是这些规律性的观点，而不是那些转瞬即逝的纯属个人主观臆断的见解。马克思主义哲学是以自然科学、社会科学、思维科学的知识为依据的，是对它们的概括和总结。因此，在马克思主义哲学中，无论是自然观、历史观，还是人生观，都包含着对对象的规律性的揭示。没有规律，就没有马克思主义哲学。

所以，马克思主义体系是科学与价值的统一。它以规律为依据，但不是唯科学主义。它反对所谓的"价值中立"论，反对隐藏或削弱自己学说的阶级性，毫不掩饰自己对无产阶级和全人类解放的价值追求；它把无产阶级和全人类解放作为最高目标，但反对以人为出发点和归宿的抽象人本主义，而是从客观规律中探索人类解放的条件、可能性和途径。科学判断中蕴含价值判断、价值判断以科学判断为依据，这就是马克思主义体系的本质特征。其实，对科学性和价值性统一的追求，在

①《马克思恩格斯文集》第九卷，人民出版社 2009 年版，第 165 页。

《手稿》中就已见端倪。只是由于历史的局限，当时还没有达到这种统一。

★ 1891 年时的恩格斯

也有不少理论者以《关于费尔巴哈的提纲》（以下简称《提纲》）为据，宣称马克思的哲学是"实践唯物主义"、恩格斯的哲学是"辩证唯物主义"，并攻击恩格斯是"独断论的""形而上学的"旧唯物主义者。从卢卡奇、科尔什到南斯拉夫的实践派以及东欧的一些"新马克思主义者"都在不同程度上以各种方式鼓吹这种观点。他们中的不少人也许是想重建马克思主义哲学，但他们对恩格斯的抨击，通过摧毁辩证唯物主义建立起的哲学绝不可能是马克思主义哲学，而只能是马克思当年轻蔑地称之为"跳蚤"的东西。

我们并不一般地反对把马克思主义哲学称为实践唯物主义。马克思和恩格斯对自己创建中的哲学曾用过多种名称：科学的唯物主义、现代唯物主义、新唯物主义、实践的唯物主义、共产主义的唯物主义以及辩证的自然观和历史观等。我们也非常赞同深入研究实践在马克思主义哲学中的地位，以及实践在辩证唯物主义本体论、认识论、历史观中的作用，以便进一步推进马克思主义哲学的发展。对原有的辩证唯物主义和历史唯物主义体系进行改进或重新安排的探讨是有益的。但我们反对在恢复实践唯物主义的名义下制造马恩对立，排斥、摒弃辩证唯物主义和历史唯物主义的基本原理。争论的关键不是名称，而是实质，即关于马克思主义哲学的一些重大理论问题。改变或抛弃了这些原理，无论怎样称呼，都只能是名存实亡。

人类所面对的世界，当然是包括人和人类在内的世界。所谓世界观，并不是对排除人的纯物质世界作直观的考虑，而是通过正确理解人与世界的关系来把握世界的客观性，把握人的主体地位和实践的意义。人与世界的关系既包括人与自然的关系，也包括人与社会的关系。分歧的焦点，集中在人与自然的关系问题上。

在人与自然关系的问题上，无论是马克思还是恩格斯都非常重视实践的作用。但马克思从来没有因此而否认世界的客观实在性和自然界的优先地位。实践的作用是改变世界，而不是从主体中创造一个世界。人类化的自然是无限世界的有限世界，它随着人类实践的深化而不断扩展，但任何时候都会留下一个人类尚未实践的世界，它的存在为人类实践和认识的深化提供了无限可能性。把这个无限的客观世界的存在排除在哲学视野之外，就从根本上违反了实践观点，因为实践和认识在这里被绝对化、凝固化和静止化了。不能把马克思的哲学说成是以人为中心，以实践为半径，在无限世界中划出的一个小小的圆圈，把人的实践范围之外的世界称之为无，把承认人的实践范围之外的物质世界说成是"拜物教"。如果是这样的话，马克思的实践唯物主义就变成了在实践掩盖下的唯心主义。

在人与自然关系的问题上，马克思当然重视人的主体地位。所谓从主体角度把握客体也就是把自然界作为人的感性活动、人的实践的对象来理解。这里讲的是人对自然的改造。我们面对的世界，是部分地打上了人的烙印的世界。不从主体角度而仅仅从客体角度去考察客体，就不可能理解由实践活动所造成的对象的变化。《提纲》第一条对费尔巴哈和一切旧唯物主义的批判，是对旧唯物主义直观性的批判，而不是对唯物主义本身的批判。人在实践中面对的是一个客观的、不以人的意志为转移的独立存在的世界，它有着自己的客观规律。人要在实践中达到预期的目的，就必须认识自然规律，服从自然规律。在改造世界的实践中，我们应该坚持观察的客观性，坚持从实际出发、实事求是的原则，而不能宣扬从主体出发。人的愿望、目的、要求能否实现，取决于能否正确处理主体和客体关系，而不是片面弘扬的主体性。

至于把恩格斯说成是"独断论者""旧唯物主义者"是不值一驳的。任何不怀偏见的人，只要读一读《反杜林论》《自然辩证法》《费尔巴哈论》就可以明白这一点。《提纲》是恩格斯 1888 年作为自己著作《费尔巴哈论》的附录公之于世的。恩格斯高度赞扬《提纲》，称之为包含着"新世界观的天才萌芽的第一个文件"[1]。这个评价是科学的，分寸得当。他既指出《提纲》伟大的理论价值在于创立了一种新的哲学形态，同时又指出它是"第一个文件"、是"新世界观的萌芽"，因为它还没有包括日后日益丰富的关于世界的物质本性和辩证运动规律、关于认识过程和规律、关于社会结构和社会形态更替的规律等许多马克思主义哲学的基本原理。本来，马克思主义哲学是以实践为基础对世界唯物辩证的把握。硬要把实践观点和唯物辩证观点对立起来是错误的。恩

链接阅读

《反杜林论》：恩格斯于 1876 年 5 月底至 1878 年 7 月初完成的著作，内容十分丰富，系统地论述了马克思主义的三个组成部分及其内在联系。

★ 人民出版社 2018 年出版的《反杜林论》书影

①《马克思恩格斯选集》第四卷，人民出版社 1995 年版，第 213 页。

格斯在天之灵如果有知，对于把他发现并由他发表的《提纲》作为反对他的根据，一定会诧异万分。

围绕马克思和恩格斯相互关系的争论，是现今意识形态斗争的一大特色。这一争论至今仍没有结束。可以断言，只要围绕马克思主义的斗争存在，形形色色的马恩对立论就会一再出现。所以要坚持和发展马克思主义，就必须保卫恩格斯，这是历史赋予当代马克思主义者的使命。

马克思主义的发展没有止境

马克思创立马克思主义的功绩彪炳千秋，永载史册。学习马克思本人的原著应该是我们学习马克思主义的重要途径。恩格斯总是教导德国的一些青年马克思主义者，要学习马克思的原著，不要借助于第二手材料。这对于正确理解马克思的原本思想而不是经过三棱镜折射之光观察马克思的思想更加可靠。

可当问题涉及的不是对原著某段话的解读，而是马克思和马克思主义的关系时，应该承认马克思的理论只是为马克思主义奠定了基础，而不能代替整个马克思主义。列宁在《我们的纲领》中曾经深刻地阐明了这一点。他说："我们决不把马克思的理论看作某种一成不变的和神圣不可侵犯的东西；恰恰相反，我们深信：它只是给一种科学奠定了基础，社会党人如果不愿落后于实际生活，就应当在各方

二月革命：1848 年 2 月法国爆发的资产阶级民主革命。1848 年 2 月 22 日至 24 日，巴黎爆发革命，推翻了七月王朝，建立了资产阶级共和派的临时政府，宣布成立法兰西第二共和国。二月革命是欧洲 1848 年革命的先锋，吹响了这次革命风暴的号角。

巴黎公社：1871 年 3 月 18 日（正式成立的日期为同年的 3 月 28 日）到 5 月 28 日短暂地统治巴黎的政府。巴黎公社是人类历史第一次无产阶级政权的伟大尝试。

★描绘巴黎公社宣告成立时情形的绘画　海峰／供图

面把这门科学推向前进。"① 马克思逝世后的 120 年，马克思主义的各国的后继者们，根据自己的实践经验从各个不同方面创造性地发展了这种思想体系。可以说，马克思主义理论是一个不断发展着的活的机体。

首先是马克思自己，他从创立学说的一开始就旗帜鲜明地反对"竖起任何教条主义的旗帜"，极力反对把他们的思想教条化，因而从来不否认自己的某些论断过时的可能性。例如，马克思、恩格斯在《共产党宣言》1872 年德文版序言中明确指出："由于最近 25 年来大工业有了巨大发展而工人阶级的政党组织也跟着发展起来，由于首先有了二月革命的实际经验而后来尤其是有了无产阶级第一次掌握政权达两月之久的巴黎公社，所以这个纲领现在有些地方已经过时了。"在讲到《共产党宣言》中关于对待各反对党的

①《列宁选集》第一卷，人民出版社 1995 年版，第 274 页。

态度时也说，"虽然在原则上今天还是正确的，但是就其实际运用来说今天毕竟已经过时，因为政治形势已经完全改变"①。他们也承认自己有过预测的失算，例如恩格斯说他在 19 世纪 40 年代，曾根据 1825—1842 年间的事变进程，预言资本主义工业大危机的周期为 5 年，"但是 1842 年到 1868 年的工业历史证明，实际周期是十年，中间危机只具有次要的性质，而且在 1842 年以后日趋消失"②。至于恩格斯逝世前在马克思的《1848 至 1850 年的法兰西阶级斗争》一书的著名导言中的自我批评，非常坦率，非常诚恳。马克思和恩格斯宣称自己的某个论断过时，预测失效，甚至某些论断存在错误，这种自我审视、自我批判的精神，充分表现了马克思主义创始人实事求是的科学精神和与时俱进的理论品格。

人类都是在一定条件下认识事物的。条件所达到的水平，往往是决定认识的界限。因此，马克思的某些论断的过时或预测的失效是完全正常的，符合人类认识规律的。但是承认马克思个别论断的过时不同于马克思主义过时论。后者不是针对马克思和恩格斯的某个具体论断和个别结论，而是针对整个马克思主义科学体系，宣布整个马克思主义体系已经过时。他们认为马克思创立马克思主义时，各种理论都打着维多利亚时代资本主义的烙印，认为马克思主义是第二次浪潮即工业革命时期的产物，现在是信息社会，是后工业社会，现在再使用马克思主义，就像在电子显微镜时代还使用旧式的放大镜一样。这种种说法，都是从根本上反对和取消马克思主义。

理论的发展也是辩证的，可以说相反相成。凡是追求永远不变的最终体系的理论，反而或迟或早"寿终正寝"，而正因为马克思和恩格斯敢于宣布自己的某个论断过时和错误，从而在总体上保证了这种学说的

① 《马克思恩格斯文集》第二卷，人民出版社 2009 年版，第 5—6 页。
② 《马克思恩格斯文集》第一卷，人民出版社 2009 年版，第 371 页。

链接阅读

梅林（1846—1919）：德国和国际工人运动著名活动家，德国社会民主党左派领袖，马克思主义理论家、历史学家和文艺评论家，德国共产党创始人之一。著有《马克思传》《德国社会民主党史》等。

科学性和生命力。"问渠那得清如许？为有源头活水来。"群众的实践经验和科学技术的发展，无产阶级革命家和马克思主义理论家的活动，不断为这个理论机体注入生命活力。而马克思自己的思想就是整个马克思主义的源头活水。梅林在讲到马克思时说，"马克思不是神，也不是半神，他也不是象教皇那样的无过失者。他是一个从根本上扩大了人类的认识限度的思想家"①。恩格斯和列宁都强调马克思主义者要以马克思的态度对待马克思主义。可以说，这就为创造性地对待马克思主义，永远保持马克思主义生命力树立了一个光辉典范。

马克思主义产生于 19 世纪中叶，它却具有最重要的当代价值，是任何思想体系和学说都无可取代的，原因还在于马克思之后有更多的马克思主义者在实践中推进马克思主义。马克思之后比起马克思生前，他的信奉者、实践者和以马克思主义为指导思想的政党遍及全世界。仅就中国来说，由毛泽东思想到邓小平理论，再到"三个代表"重要思想和科学发展观，直到当下习近平新时代中国特色社会主义思想，就是马克思主义中国化的光辉历史。马克思主义中国化既是把马克思主义的普遍真理运用于中国的过程，又是中国革命以及社会主义建设和改革的经验创造性地上升为马克思主义的过

---

① ［德］梅林：《保卫马克思主义》，吉洪译，人民出版社 1982年版，第 301—302 页。

程。马克思主义的中国化创造性地推进了马克思主义的发展。我们不能把马克思与他的后继者割裂开来，对立起来。马克思主义的生命力在于它的创造性，在于其与时俱进的理论品格。1883 年马克思逝世以来的 130 多年，是社会主义由理论变为现实的时期，也是马克思主义大发展的时期。不仅马克思、恩格斯的某些过时的论断，某些没有实现的预测，某些判断的失误，在后继者的实践和理论发展中得到了克服和解决，而且根据各国的实践经验，根据当代科技新成就，马克思主义还创造性地向前推进了。因而，把马克思主义在马克思逝世后 130 多年间的伟大发展剔除在马克思主义科学体系之外，实际上就是把马克思和恩格斯的思想变成教条，这本身就是一种理解上的错误。所以要正确理解马克思主义在当代的生命力问题，就必须充分把握马克思主义与时俱进的理论品格，不能把视线只是停留在马克思创立马克思主义时的范围之内。

既然马克思主义是发展着的理论，那么马克思主义后继者与它的创立者的思想理论之间的关系就是复杂的，既有继承的一面，又有发展的一面；既是一脉相承，又有新的创造。马克思之后的马克思主义，必然会遇到马克思没有遇到过的新情况、新问题，因而会做马克思没有做过的事，说马克思没有说过的话，这才能叫理论创新。毛泽东说："全世界自古以来，没有任何学问、任何东西是完全的，是再不向前发展的。"①邓小平也强调："绝不能要求马克思为解决他去世之后上百年、几百年所产生的问题提供现成答案。"②习近平总书记在纪念马克思诞辰 200 周年大会上也特别强调："实践的观点、生活的观点是马克思主义认识论的基本观点，实践性是马克思主义理论区别于其他理论的显著特征。马克思

①《毛泽东文集》第三卷，人民出版社 1996 年版，第 299 页。
②《邓小平文选》第三卷，人民出版社 1993 年版，第 291 页。

主义不是书斋里的学问，而是为了改变人民历史命运而创立的，是在人民求解放的实践中形成的，也是在人民求解放的实践中丰富和发展的，为人民认识世界、改造世界提供了强大精神力量。"[1] 如果一切以马克思的本本为依据，以马克思的话作为衡量是不是马克思主义的标准，我们就不是马克思主义而变成教条主义者了。这是与马克思主义与时俱进的本性背道而驰的。

---

[1] 习近平:《在纪念马克思诞辰 200 周年大会上的讲话》,《人民日报》2018 年 5 月 5 日。

在结合中创造而不是重建

社会主义制度在邓小平倡导的改革开放中得到自我完善。我国综合国力的增强和人民生活水平的提高，初步显示了社会主义制度的优越性。中国改革开放所取得的成就，以无可辩驳的事实表明创造性马克思主义的无穷威力。

马克思主义在中国改革中又一次胜利，预示着它的未来前景。就世界范围来说，挫折只可能是暂时的。因为马克思主义承担的伟大历史使命并没有结束，世界正在期待着马克思主义对自己面临问题的回答。对于马克思主义来说，这既是挑战，又是创造性地推进马克思主义的最好时机。发达资本主义国家正处在所谓的"黄金"时期。第二次世界大战结束以后，特别是进入 20 世纪下半叶，兴起了科技革命的浪潮。资本主义国家的经济发展，革命运动沉寂。可是科技革命并没有消融资本主义社会固有的基本矛盾。尽管西方某些理论家们力图推翻马克思

链接阅读
资本主义社会固有的基本矛盾：马克思和恩格斯指出生产力与生产关系的矛盾以及以此为基础的经济基础与上层建筑的矛盾，是贯穿人类社会一切形态的基本矛盾。在资本主义社会，这个基本矛盾表现为生产的社会化与资本主义私人占有之间的矛盾。

主义的社会发展理论，鼓吹人类社会的前景是所谓"后工业社会""信息社会"和"电子技术社会"，借以否定社会主义代替资本主义的必然性和必要性。其实，资本主义社会的科技进步并不等于社会进步。在当代发达资本主义国家，经济发展与各种社会问题的尖锐化同时并存。经济、政治与文化之间的矛盾和失衡，必然会激起广大劳动者的不满与反抗。尽管西方各种各样消除资本主义社会弊病的社会学说很多，但经过尝试以后，人们通过自己切身的经验还会重新回到马克思主义上来，回到创造性地运用马克思主义、寻找出一条在发达资本主义国家实践社会主义的道路上来。

"西方马克思主义"中的某些人，希望从发达资本主义国家的状况中找到一条实践马克思主义的道路，这有其合理的一面。十月革命，终究是马克思主义在一个落后的俄国的胜利，它不可能原封不动地搬到西方。可"西方马克思主义"的最大失误是，它们不是立足于把马克思主义与发达资本主义国家的实际结合起来，坚持马克思主义的基本原理，在实际应用中推进和发展它，而是力图重建马克思主义。

重建马克思主义，实际上就是在反对所谓恩格斯主义、列宁主义名义下反对马克思主义。英国学者乔治·莱尔因在《重构历史唯物主义》一书中直言不讳地宣称，所谓重建就是不用教条的传统马克思主义立场来对待马克思、恩格斯，而是特别注意在马克思和恩格斯的著作中能找到的同教条的传统的马克思主义截然不同之处，以及解决这一问题的必要性。在西方理论家看来，复兴马克思主义的唯一道路就是重建："摆脱马克思著作中的困境，既不需要对马克思学说的本义是什么进行独断的肯定，也不需要对马克思主义进行根本的和系统的修改，而只需要用同样的要素建立起新的平衡，这些要素有的是含蓄地存在于马克思著作中，有的是透过马克思思想的一般逻辑推导出来的。摆脱困境也需要变化一下所强调的重点，排除不适宜的解释成分。"一句话，重建就是把马克思主义"放到一种新的形式中"①。

"西方马克思主义"，从卢卡奇、葛兰西、柯尔施到当代"西方马克思主义"中的不少派别，都是以反对传统马克思主义为号召，鼓吹重建。他们或者是抓住马克思主义哲学的重要范畴，如实践、主体性，加以片面地夸大或曲解，从而形成与所谓传统马克思主义根本不同的"马克思主义"体系；或者采用西方哲学观点如弗洛伊德主义、存在主义、结构主义来解释马克思主义。这种所谓的重建，与其说是发展，不如说是肢解。

真正的创造性发展，不能只是停留在理论自身，而是应该勇敢地面对当代资本主义的现实。马克思和恩格斯是资本主义最猛烈的抨击者，又是资本主义最实事求是的科学研究者。马克思以能否充分吸收资本主义文明的肯定成果作为俄国跨越"卡夫丁峡谷"的条件。马克思以40年时间写作的《资本论》，就是马克思主义创始人以科学态度对待资本主义的确证。列宁的《俄国资本主义的发展》是研究俄国资本主义的状况的，而《帝国主义是资本主义的最高阶段》则是在新的历史条件下对资本主义发展到垄断阶段的研究。列

链接阅读

葛兰西（1891—1937）：意大利共产党创始人和领袖人物，国际共产主义运动著名活动家和思想家。生于意大利撒丁岛，1921年1月参与创建意大利共产党，1922年当选为共产国际执委会书记处书记。

链接阅读

柯尔施（1886—1961）：德国共产党理论家和政治活动家，西方马克思主义创始人之一。生于德国汉堡。著有《马克思主义与哲学》《卡尔·马克思》等。

---

① ［英］乔治·莱尔因:《重构历史唯物主义》，姜兴宏、刘明如译，中国社会科学出版社1991年版，第2、第5页。

宁强调："我们不能设想，除了建立在庞大的资本主义文化所获得的一切经验教训的基础上的社会主义，还有别的什么社会主义。"可是在十月革命以后，由于帝国主义的封锁和禁运，处于强大资本主义包围中的社会主义国家，被迫处于孤立状态。但我们在理论上也有失误，这就是缺乏对当代资本主义的深入研究，只看到社会主义和资本主义相互对立的一面，而看不到它们相互联系的一面，奉行两个平行市场的理论，把社会主义国家从整个世界中孤立起来。在世界已经联成一体、历史早已变为世界的历史的当代，随着时间的推移，这种做法越来越丧失在与资本主义世界相互接触、相互竞争中阔步前进的时机。

真正的马克思主义者敢于面对当代资本主义现实。马克思和恩格斯对自由资本主义的分析、列宁对帝国主义的分析，是我们研究当代资本主义的基本理论和方法论依据，但这并不能代替我们对当代资本主义新特点的研究。深入探索资本主义的新发展，把握当代资本主义的基本特征和发展规律，对当代发达资本主义社会的经济政治结构、阶级关系及其历史走向作出科学的回答，必然会创造性地推进马克思主义。

马克思和恩格斯承担的伟大任务，是把社会主义由空想变为科学。他们天才地完成了历史赋予的使命，成为新的社会主义学说的缔造者。列宁、毛泽东和其他社会主义国家的开创者们面对的伟大任务，是把社会主义由理论变为现实。他们实践了马克思和恩格斯的伟大理论，又进一步发展了这个理论。而当历史进入 21 世纪以后，当代马克思主义者面对的伟大任务，是如何改革由自己一手建立起来的、已开始不适应生产力发展的经济体制和政治体制以及各方面体制，解放生产力，使中国特色社会主义制度得到完善和巩固，推进国家治理体系和治理能力现代化。这是科学社会主义产生 170 多年后遇到的新课题。

改革开放不仅关系到社会主义的命运，也关系到马克思主义在当代的命运。不坚持改革开放，社会主义制度的优越性得不到发挥，就有可能在斗争中被击败；不坚持改革开放，不解决社会主义发展所面临的问题，马克思主义就会停滞。

改革不仅是解放生产力，也是解放思想，使理论摆脱过时观念的束缚。如何建设中国特色经济、政治、社会、文化、生态文明体制，如何处理社会主义社会中的公有制和其他经济成分的关系，按劳分配和其他分配形式的关系以及其他一系列问题，既是实践问题又是重大理论问题。正是在解决这些问题的过程中，马克思主义在与中国实际相结合中得到了创造性的发展。

社会主义在一些地方遭到挫折，但在中国的改革中却呈现出旺盛的生命力。从历史发展来看，社会主义归根结底是会战胜资本主义的。社会主义遇到

★ 改革开放是决定当代中国前途命运的关键一招。图为"伟大的变革——庆祝改革开放40周年大型展览" 中新图片／郭俊锋

的挫折是暂时的，只要经受过锻炼、吸取了教训的革命人民坚持把马克思主义同本国实际相结合，就一定会促使社会主义向着更加健康的方向发展。一位美国教授预言："我们必须敢于塑造一种历史的现象，敢于做一个马克思主义者。如果我们这样做，那么社会主义在 1989—1990 年间所谓的死亡，终有一天将像不死鸟一样死而复生。"①

是的，只要世界上仍然存在资本主义私有制，存在剥削和压迫，就不可能阻止人们对消灭剥削、消灭压迫，对共同富裕理想的追求。有资本主义社会，就一定会产生与其相继而行的社会主义社会。无论是在社会主义国家的改革中还是在资本主义社会的革命中，马克思主义都是不可战胜的。20 世纪上半叶马克思主义胜利的历史，在创造性的马克思主义实践中，在 21 世纪将会再度出现。到本世纪中叶，全面建成富强民主文明和谐美丽的社会主义现代化强国不仅规划了我国社会主义的美好前景，也为在世界上充分显示社会主义制度的优越性、创造性地发展马克思列宁主义指明了道路。

---

① ［美］《每月评论》第 42 卷，1991 年第 8 期。

做一名真正的马克思主义者

谁是真正的马克思主义者？这既是一个老问题又是一个新问题。

19 世纪末 20 世纪初，列宁反对第二国际以伯恩施坦为代表的修正主义时提出过这个问题。20 世纪 50 年代下半期，国际共产主义运动的争论提出过这个问题。

当前，在世界范围内，这个问题更加尖锐、更加复杂。一方面，根据马克思主义必须同各国实际相结合的原则，各国马克思主义者应该根据本国的特点找到一条通向社会主义的道路，特别是取得政权之后，应该根据本国的特点来建设社会主义。人们既然根据本国的实际情况和文化传统来理解、运用马克思主义，那就必然存在差异性。

另一方面，在世界上存在着对马克思主义的多种解释。从 20 世纪 20 年代卢卡奇的《历史与阶级意识》开始，经过第二次世界大战，特别是 20 世

链接阅读

修正主义： 在共产主义运动中打着马克思主义旗号，歪曲、篡改、否定马克思主义基本原则的机会主义思潮，是资产阶级意识形态在工人运动中的反映。19 世纪 90 年代，德国社会民主党党内首先出现了要"修正"马克思主义的观点，主要代表人物是伯恩施坦和考茨基。

纪七八十年代以来，涌现出打着各种旗号的马克思主义。

对马克思主义存在着多种理解是当代的客观现实。有的哲学家认为，至少存在 15 种以上的马克思主义；有的认为，马克思主义存在五个阵营，即东欧的、西欧的、南斯拉夫的、苏联的、中国的；有的认为，存在三大派，即苏联的马克思主义、中国的马克思主义、欧共改良主义的马克思主义；等等。他们的基本观点不同，甚至相互对立，究竟谁是真正的马克思主义者呢？

我们反对真理多元论。马克思主义就其真理性与科学性来说是一元的，真理的一元性就在于它的客观性。可是，人们对马克思主义普遍真理的运用可以是具体的、多样的。不仅在马克思主义和各国情况相结合过程中会产生差异性，而且在马克思主义的理论研究中，由于研究问题的范围不同，观察问题的视角不同，也会从不同的方面来理解、丰富和发展马克思主义。这不仅可以把各国社会主义革命和社会主义建设的经验，把不同国家、不同民族的实践经验及其总结汇集到马克思主义之中，而且可以通过各种观点的相互补充，推进马克思主义的发展。当然创造性地发展马克思主义是一个极其复杂的过程。这就要求我们始终坚持"实践是检验真理的唯一标准"的原则，分辨真理与谬误、正确与错误，对各种打着马克思主义旗号的学派进行深入研究和

链接阅读

存在主义：20世纪西方哲学主要流派和思潮之一。存在主义的根本观点是把孤立的个人的非理性意识活动当作最真实的存在，并作为其全部哲学的出发点。代表人物主要有德国的雅斯贝尔斯、海德格尔等，法国的马塞尔、萨特和加缪等。20世纪五六十年代，法国的梅洛·庞蒂和萨特等人提出了用存在主义解释和补充马克思主义的主张，形成了存在主义的马克思主义学派，是西方马克思主义的流派之一。

批判性考察。在当代，我们尤其要反对马克思主义过时论，反对以弗洛伊德主义、存在主义、结构主义或者其他什么主义来曲解马克思主义。

坚持马克思主义并不是把马克思主义教条化，教条主义者并不是马克思主义者。恩格斯曾经告诫人们不要生搬硬套马克思和他（恩格斯）的话，"而要根据自己的情况象马克思那样去思考问题，只有在这个意义上，'马克思主义者'这个词才有存在的理由"①。列宁在《论我国革命》中驳斥教条主义时也出现过"像马克思这样的'马克思主义者'"②的提法。马克思反对把自己的理论教条化。做一个像马克思那样的马克思主义者，就要始终坚持把马克思主义的普遍真理与革命的实际情况相结合，也只有这样才能永远沿着马克思和恩格斯开辟的道路继续前进。

坚定地信仰马克思主义对马克思主义课教员来说是至关重要的。如果我们自己都不相信马克思主义，不坚持马克思主义，是不可能讲好马克思主义的。马克思主义教学对我们来说不仅是一种职业，而且是一种信仰，是信仰与职业的统一。我们讲的东西与信的东西应该是一致的，如果信仰与职业分离，讲的东西自己不信，嘴里讲的和心里想的不一样，不仅讲不好课，而且是一种痛苦，总感到理不直气不

链接阅读

结构主义：19世纪末20世纪初瑞士语言学家索绪尔创立的一种学说，经过维特根斯坦、让·皮亚杰、拉康、克洛德·列维－斯特劳斯、罗兰·巴特、阿尔都塞、科尔伯格、乔姆斯基、福柯和德里达等人的发展与批判，成为当代世界的重要思潮。结构主义认为，任何科学研究都应超越事物现象本身，直探在现象背后，操纵全局的系统与规则。1965年，法国哲学家阿尔都塞发表论文集《保卫马克思》，在法国形成了结构主义的马克思主义学派，主张用结构主义研究和解释马克思主义，是西方马克思主义的流派之一。

---

① ［俄］阿·沃登：《和恩格斯的谈话》，见《智慧的明灯》，人民出版社1983年版，第91页。

② 《列宁全集》第四十三卷，人民出版社1987年版，第371页。

壮。所以一个好的马克思主义教员，必须信仰马克思主义，要把信仰的力量、理论的力量结合在一起。

或许有的教员会说，我不信马克思主义可又当上了马克思主义教员怎么办？好办，努力学习，把教学的过程看作自我学习的过程、自我提高的过程。为了讲好课，必须钻研，必须思考，想通了，讲得有理有据，不仅说服了学生，也说服了自己。

还有的人说，现在是什么时代，还讲什么马克思主义？那你说是什么时代？无非是说西方发达资本主义国家没有发生革命，西方理论家们宣称马克思主义已经死亡而已。邓小平在 1992 年著名的南方谈话中曾经驳斥过这种谬论。他说："我坚信，世界上赞成马克思主义的人会多起来的，因为马克思主义是科学。"还说，"不要认为马克思主义就消失了，没用了，失败了。哪有这回事"①。马克思主义是不可能消灭的。原因很简单，马克思主义是为消灭资本主义而创立的，资本主义不消灭，马克思主义怎么会消灭呢？只要资本主义私有制存在，只要剥削和两极对立以及不公平、不平等存在，就会有消灭这些现象的斗争，就需要马克思主义。只要资本主义存在，那么，作为资本主义社会矛盾产物的马克思主义也就必然存在。一种科学的认识、人类已经取得的科学成就是不可能被取消的。马克思主义不可能消灭，但必须发展，也可以发展。马克思主义在俄国发展为列宁主义，在中国发展为毛泽东思想、中国特色社会主义理论体系和习近平新时代中国特色社会主义思想，这说明马克思主义具有极大的创造力和自我更新能力。世界上有那么多主义、那么多思想体系，单单要消灭马克思主义，这不是政治偏见又是什么？实际上，资本主义世界中的各种各样的学说和思想体系就如同走马灯一

---

① 《邓小平文选》第三卷，人民出版社 1993 年版，第 382、第 383 页。

★ 马克思主义是科学真理，永不过时。图为北京大学红楼内《共产党宣言》展示区　海峰／供图

样，朝生暮死，真正有生命力的还是马克思主义，这是当代的现实。

有的人感到当马克思主义教员低人一等，学马克思主义的不愿说是学马克思主义的，教马克思主义的不愿说是教马克思主义的。这极不正常。我们是社会主义国家，马克思主义是指导思想，却反而认为是低人一等，这是价值观念的大混乱、大颠倒。这是一种社会病态。请问，在我们高等学校的各种课程中，哪一种课程具有如此大的重要性：它关系到全世界人民的命运，关系到中国社会主义的前途和命运，关系到改革开放的命运，关系到究竟用什么思想塑造人、培养人？这种课程怎么还低人一等呢？只要我们完整准确地全面贯彻党的基本理论、基本路线、基本方略，加强社会主义精神文明建设，马克思主义理论课在高校中的重要地位就一定会得到加强。

市场经济绝非马克思主义哲学的末日

党的十八届三中全会确立了关于全面深化改革的战略方针，提出应该充分发挥市场经济在资源配置中的决定性作用，市场经济原则将成为推动中国社会经济发展的主导原则。我们马克思主义哲学工作者无疑也将从市场经济的发展，以及由此凸显和提出的实践与理论问题中获得新的推动力，同时也会经受市场经济的考验。如何找准我们在市场经济体制中的位置，是关系到马克思主义哲学发展方向的大问题，也是关系到我们这些在这个领域中工作的学者的学术前途和命运的问题。

按道理说，马克思主义哲学是一门学说而不是商品，它的繁荣与否与市场供求并无直接关系。可实际上，为了使马克思主义薪火相传，并为广大民众所掌握，马克思主义哲学作品就要能变为读物，必须有读者、有受众，且要他们愿意购买阅读。然而，众多读者，尤其是青年读者，他们当前最感兴趣的读物

链接阅读

市场经济：通过市场配置社会资源的经济形式。在市场经济形式下，产品和服务的生产及销售完全由自由市场的自由价格机制引导。

是有关就业、谋生、致富的书，或者是高考、自考的书。而且目前有些拥有雄厚经济实力的受众宁愿花大钱上国学班、家长宁愿花钱送幼儿上国学班，却鲜有人愿意花钱参加马克思主义哲学的学习班。这些都是无可否认的现实。造成这种局面的归因，我认为：一不能积怨于读者。我们知道，当年艾思奇的《大众哲学》在没有任何出版补贴的条件下依然非常畅销，而且在国民党统治区一版再版，中华人民共和国成立后仍然多次再版发行。这说明，任何读者都只愿意花钱买自己喜欢阅读的书。当然，不可否认，我们有许多读者的阅读品位和水平有待提高，这是读者的责任，但同样我们的马克思主义哲学研究者更应该具有提高自己著作水平和可读性的自我反省力。二是不能积怨于市场经济。从哲学史上看，从资本主义市场经济产生之始，便涌现了大批的哲学家，出版了诸多的哲学名著。马克思和恩格斯的著作也都是在资本主义市场经济条件下写作完成的。资本主义市场经济的发展不仅推动了资本主义生产力的发展，也在学术上推动了资产阶级古典经济学的产生，催生了马克思主义政治经济学的确立，促进了马克思主义哲学的发展。马克思的《资本论》就是以英国为典型案例，以英国资本主义市场经济的迅猛发展为历史背景才得以产生的巨著。没有资本主义市场经济的发展，永远不会有马克思主义，不会有《资本论》这样被称为工人阶级"圣经"的传世之作。

★ 艾思奇像　文仕博档馆/供图

链接阅读

艾思奇（1910—1966）：原名李生萱，云南腾冲人，著名的马克思主义哲学家、教育家和革命家。著有《大众哲学》《哲学与生活》等。

当然，在市场经济条件下会出现作为理论家和作为作者两种身份的矛盾。一方面，作为立足现实的理论家，资本主义市场经济下出现的问题可以成为学术的推动力。没有资本主义，没有资本主义市场经济的发展及其矛盾，就不可能产生作为马克思主义创造者的马克思。但另一方面，在资本主义市场经济下，马克思主义著作也存在出版难的问题。马克思和恩格斯的名著《德意志意识形态》手稿就一度只能让老鼠啃，而未能出版。马克思和恩格斯大量未完成的手稿和笔记都是后人整理出版的。至于依靠著作发财致富更不可能。马克思作为《资本论》这本传世之作的创造者，由《资本论》出版得到的报酬微乎其微。据他自己说，《资本论》的稿费还抵不上他为写作此书抽烟斗的火柴费。著作等身的马克思一生都生活在贫困中。列宁说过："马克思及其一家饱受贫困的折磨。如果不是恩格斯牺牲自己而不断给予资助，马克思不但无法写成《资本论》，而且势必死于贫困。"①马克思生活在资本主义市场经济条件下，但他不是为钱而写作，虽然生活需要钱。马克思非常明确自己肩负的历史使命。在写作《资本论》时，他的肝病因劳累而加重，但他说，"我必

★ 1837年6月16日，马克思将《资本论》第一卷德文第一版赠给达尔文，并亲笔题词。图为达尔文给马克思的回信 海峰/供图

① 《列宁专题文集·论马克思主义》，人民出版社2009年版，第5—6页。

须对党负责，不让这部著作作为肝病期间出现的那种低沉、呆板的笔调所损害"①。

马克思主义哲学工作者在社会主义市场经济下会遇到同样的问题。从学术角度看，社会主义市场经济不仅是中国特色社会主义理论、道路、制度、文化实现和创造的必由之路，也是推动马克思主义研究的新动力。党的十八届三中全会确立的关于全面深化改革、坚持社会主义市场经济改革方向的伟大部署，对哲学社会科学的发展肯定是一种新的推动力。因为在马克思主义发展史和社会主义实践中，市场经济与社会主义制度的结合本身就蕴含着重大的理论创造，提出了许多重大的课题，而由"市场经济与社会主义的结合"发展到"市场在社会主义资源配置中起决定性作用"，无疑会提出更多的前所未有的理论和实践问题。这些问题需要多学科的综合研究，其中便包括辩证唯物主义和历史唯物主义。例如，国家与市场关系中涉及的社会主义国家职能问题，"市场在资源配置中的决定性作用"中涉及的自由与必然性关系问题，市场调节的自发性与如何发挥人的主体作用的相互关系问题，经济、社会、政治、文化、生态全方位的改革中系统性思维和整体性思维的关系问题，如何防止对利润的过度追求导致的人与自然关系的恶化、人与人的两极分化继续扩大问题，市场经济下的社会公平和正义问题，如何防止拜金主义的泛滥问题，市场化导向与社会主义核心价值体系的建立如何协调的问题，人的理想、信仰、价值观在市场经济条件下如何进一步优化的问题，等等。可以说，继续深化改革开放不仅是中国经济社会发展的新机遇和新阶段，也是推动马克思主义和马克思主义哲学创新的新动力。市场化改革的进一步深化，既给马克思主义哲学研究注入了新的活力，

---

① 《马克思恩格斯文集》第十卷，人民出版社 2009 年版，第 167—168 页。

也因此提出了许许多多新的哲学问题。

然而，对于我们这些马克思主义哲学著述作者而言，遵照"市场在资源配置中起决定作用"的规则，可能会使我们的著作在企业化的出版流程中遇到新的困难，包括出版补贴、稿酬等。就像马克思没有从《资本论》的稿费中收回火柴钱一样，马克思主义哲学家也不可能从市场经济中因自己的著作获得较高的稿酬。《哈利·波特》的作者可以成为亿万富婆，时下一些解读国学经典的作者也可能有较好的经济效益；但马克思主义哲学著作却无此可能。马克思主义哲学理论研究不可能成为生财之道，马克思主义哲学本来就不是发财致富的科学，而是为无产阶级和人类解放服务的学说。

当然，市场经济的发展绝非马克思主义哲学工作者的末日。问题是我们这些马克思主义理论工作者希望从市场经济的发展中得到什么？如果从推进和发展马克思主义哲学，尤其是中国马克思主义哲学而言，可以说市场经济越发展越有利于马克思主义哲学的发展，因为在发展和完善社会主义市场经济过程中会提出许多重大的理论和实践问题。这些问题不仅要求经济学家来解决，也要求哲学家来解答。问题，只有问题才是理论发展的动力。这是马克思早就说过的道理，众所周知。同时，社会主义市场经济所凸显的问题不仅是中国，而且也是世界性的理论问题，并愈益引起世界知名学者的关注或研究。

链接阅读

《哈利·波特》：英国作家J.K.罗琳所著的魔幻文学系列小说，共7部。其中前六部以霍格沃茨魔法学校为主要舞台，描写的是年轻的巫师学生哈利·波特在霍格沃茨前后六年的学习生活和冒险故事；第七本描写的是哈利·波特在第二次魔法界大战中在外寻找魂器并消灭伏地魔的故事。

我们这些本来就生活在中国的马克思主义者，更应近水楼台先得月，占得发现问题、研究问题、解答问题的先机。

40 多年来，以建立市场经济为导向的改革开放的实践证明，中国不是不需要马克思主义哲学，而是愈益需要马克思主义哲学，需要能为中国特色社会主义道路和完善社会主义市场经济的重大理论和实践问题提供理论阐述的著作。然而，我们有些马克思主义哲学工作者对这些问题或是不感兴趣，或是熟视无睹，认为没有学术性。他们最感兴趣的是专注于自己构建哲学体系，倾心于研究抽象的哲学概念和范畴。这些著作往往只能在学者圈子里，甚至只能在极其有限的几个人中相互欣赏，永远走不出学院大门。这条路只能越走越窄。因此，不关心现实的马克思主义哲学，已经不再是马克思主义哲学，而是在重回经院哲学的旧路。

迫切的任务是找准马克思主义哲学研究者在社会主义市场经济中所处的地位。首先应该明确的是，我们是以一个马克思主义理论工作者的身份在面对社会主义市场经济，我们的目标是从社会主义市场经济的理论和实践中提炼出哲学问题，创造性地推进和发展马克思主义，写出具有创见的中国特色的马克思主义哲学著作。我们不是从事马克思主义哲学工作的文化商人，我们的专业和信仰决定我们不可能通过我们的著作获得个人的财富。我宁愿学习我们的老祖宗马克思写出不能收回火柴钱的《资本论》，也不能放弃马克思主义哲学的信仰和社会历史使命，不能以粗制滥造或制造"奇谈怪论"来获取个人蝇头小利，让学术生命淹死在市场经济的浪潮中。

做一个坚持马克思主义的理论工作者，而不是企图在市场经济大潮中发财致富的文化商人，我以为这就是我们的位置。这需要埋头研究，甚至多年默默无闻的研究。"板凳宁坐十年冷，文章不写半句空。"在波涛汹涌的经济大潮中，我们要守得住清苦，耐得住寂寞，潜心于研究。只要付出全部心力，即使我们只能对马克思主义在中国的推进和发展尽绵薄之功、作出些许贡献，这也是值得的。

马克思主义的生命力

在马克思主义理论课教学中，一些学生产生了这样一种疑问：为什么历史上一些思想家的思想随着时代的变迁和发展会过时，而马克思主义作为产生于 19 世纪 40 年代的理论，却至今仍适用，不会过时？一种学说的生命力取决于三个因素：一是是否有社会需要，这种需要，不仅是它产生的社会原因，还是它能继续存在和发展的社会原因；二是是否包含真理性因素，具有超越自己时代的价值，经得起历史的考验；三是有无实现这种学说的力量和传人。我从这三方面来分析马克思主义的生命力。

首先，马克思主义的产生有其深刻的社会原因和社会需要。马克思和恩格斯创立马克思主义，就是为了适应 19 世纪 40 年代无产阶级开始登上政治舞台的需要。无产阶级需要一种科学理论来指导自己实现历史使命。当时存在的各种社会学说，包括 19 世纪空想社会主义学说都不可能承担起这个任务。

因此，必须创造一种新的学说来满足无产阶级革命的需要。马克思和恩格斯非常清楚这种社会需要。1845 年 1 月 20 日，恩格斯在致马克思的信中说，"目前首先需要我们做的，就是写出几部较大的著作，以便向许许多多非常愿意干但只靠自己又干不好的一知半解的人提供必要的依据。你还是先把你的国民经济学著作写完，即使你自己觉得还有许多不满意的地方，那也没有什么关系，人们现在情绪高涨，我们必须趁热打铁"①。马克思发表在《德法年鉴》上给卢格的几封信中也对当时的社会需要讲得很明白。

马克思主义创立于 19 世纪 40 年代。资本主义生产方式产生以后到此时在西欧英、法、德处于一定的发展水平。英国已经开始工业革命，成为当时世界生产力最为发达的国家；法国在大革命以后，资本主义生产也有很大的发展。马克思和恩格斯的出生地德国莱茵河地区资本主义也有一定的发展。但整个说，资本主义仍然处于发展的早期。在自由资本主义阶段创立的马克思主义，在资本主义进入国家垄断资本主义阶段还适用吗？这个疑问的关键，在于不知道马克思主义创立的历史条件和它肩负的历史使命与研究主题之间的区别。学生们对这个问题理解的困难主要来自对这两者的混淆。

马克思和恩格斯虽然生活于自由资本主义阶段，但他们探讨的问题并不限于自由资本主义而是关于整个资本主义社会向何处去的问题，关于无产阶级和人类解放的问题，因而是对人类社会和资本主义社会规律性的探讨。我们只要读一读马克思发表在《德法年鉴》上的致卢格的信，以及《论犹太人问题》和《〈黑格尔法哲学批判〉导言》这两篇早期文章，就能非常清楚马克思和恩格斯创立新的学说的目的和使命。

①《马克思恩格斯文集》第三卷，人民出版社 2009 年版，第 28—29 页。

★ 马克思用英文书写的
信件　中新图片 / 李洋

正因为马克思和恩格斯肩负着无产阶级和人类
解放的历史使命从事写作，因而科学性是它的首要要
求，他们不是停留在资本主义的表层，不是对资本主
义社会现象的描述，而是着力于通过现象把握资本主
义社会发展的本质和规律。这样，他们终生从事艰
苦的大量的科学研究工作，并取得了划时代的成就。
恩格斯说过，"马克思在他所研究的每一个领域，甚
至在数学领域，都有独到的发现，这样的领域是很
多的，而且其中任何一个领域他都不是浅尝辄止"①。
自由资本主义阶段的认识条件，可能会给马克思和
恩格斯对材料的运用和理论视阈带来某些限制，但从
根本上说不会影响他们对人类社会和资本主义一般

①《马克思恩格斯文集》第三卷，人民出版社 2009 年版，第
601—602 页。

链接阅读

《反对本本主义》：毛泽东1930年5月为反对当时中国工农红军中的教条主义思想而写的关于调查研究问题的重要著作，原篇名为《调查工作》。后该文遗失，20世纪60年代初期该文被重新发现后，毛泽东作了部分文字的修订和内容上的补充，题目改为《反对本本主义》。

规律的探求。一般存在于个别之中。资本主义社会早期暴露出来的社会矛盾中包含着它的发展规律和往后发展的趋向。这是马克思主义虽然诞生于自由资本主义阶段但至今仍然适用的一个最重要的原因。

当年毛泽东在《反对本本主义》中讲到马克思主义为什么能在中国传播和生根时明确表示，因为中国革命有对马克思主义的需要。那么，产生于19世纪的马克思主义，到了21世纪还有支撑它存在的社会需要吗？答案是肯定的。因为马克思主义学说不是对一时、一地、某一事件的判断，而是规律性的判断。马克思和恩格斯提出的资本主义基本矛盾，无产阶级的历史使命，社会主义取代资本主义的历史发展走向，人类走向公平、正义、共同富裕的要求等，在世界范围内仍是一系列有待实现的任务。不仅西方发达国家资本主义有这种需要，社会主义中国同样有这种需要，因为我们正走在建设公平、正义、共同富裕的社会的道路上。我们会遇到人类历史上前所未有的问题，需要马克思主义领航指路。习近平总书记把马克思主义视为中国共产党的"看家本领"，强调必须牢牢把握马克思主义在意识形态领域的指导地位，巩固全党全国人民团结奋斗的共同思想基础。

其次，马克思主义理论能够满足当今时代对它的社会需要。马克思主义不是"天书""推背图"，也不是一经背熟就可以包医百病永恒不变的教条。

它是科学的学说。虽然产生于19世纪上半叶，但马克思主义的科学性和真理性，使它能超越产生自身的历史条件。这种超越自己时代的东西不是对某事、某人或某种条件下应该采取的措施的具体判断，而是对规律的揭示。这种具有规律性的判断，对我们来说就是能在实际中应用的基本理论和方法。尽管当代马克思主义过时论一再沉渣泛起，但一次次破产；尽管苏联解体、东欧剧变使社会主义遭遇重大挫折，但马克思依然被西方评为"千年思想家"。马克思主义并没有被遗忘，而是在所谓的"挫折"中愈加显现其真理的光辉。

当代世界需要马克思主义提供基本理论和方法。当代世界向何处去？如何认识当代资本主义？如何认识当代社会主义？特别在经济全球化背景下，如何处理当代资本主义尤其是发达资本主义与新兴社会主义之间的关系？如何解决人类面临的生态文明问题、贫富对立问题、公平正义问题？可以说，对这些问题的科学认识和合理解决都离不开马克思主义的指导。英国学者乔纳森·沃尔夫在《当今为什么还要研读马克思》中说："无论从理论还是从实践方面来看，马克思的影响都是无法估量的，没有至少是对马克思思

链接阅读

乔纳森·沃尔夫（1959— ）：英国哲学家、西方马克思主义学者。著有《政治哲学导论》《21世纪，重读马克思》等。

想的粗线条的评价，我们将根本无法把握当今世界，以及当今思想界的很多方面。光这一点就足以证明应当对马克思的思想予以密切关注。"

最后，马克思主义是人类思想史上最具实践性的学说。不仅马克思主义学说传遍全世界，马克思主义理论的实践者也遍及整个世界。仅就中国而言，中国共产党作为世界上最大的马克思主义政党，有9500多万名党员，众多的马克思主义理论工作者包含其中。在当代世界，马克思主义是信仰者和实践者最多的学说。实践者最多，说明它拥有在实践中与时俱进的发展力；信仰者最多，说明它拥有在理论上继续发展和持续传承的创造力。没有一种学说像马克思主义这样，在马克思和恩格斯逝世后出现众多杰出的马克思主义继承者、发展者和实践者。

在当代，尽管国际形势的变化使世界社会主义运动遭遇挫折，但与马克思主义有关的活动在西方经常举行。马克思主义并没有被打倒，也不可能被打倒。在苏联解体、某些西方反马克思主义者得意忘形额手称庆时，邓小平就说过"马克思主义是打不倒的。打不倒，并不是因为大本子多，而是因为马克思主义的真理颠扑不破"[1]。在中国，100年来马克思主义的不断胜利、70多年来的社会主义发展成就和40多年的改革开放伟大成就，都证明了马克思主义在当代中国的生命力。习近平总书记指出："马克思给我们留下的最有价值、最具影响力的精神财富，就是以他名字命名的科学理论——马克思主义。这一理论犹如壮丽的日出，照亮了人类探索历史规律和寻求自身解放的道路。"[2]

我们可以通过对马克思主义三个组成部分的分析来说明这一点。例如，在马克思主义政治经济学中，关于商品二重性和劳动二重性的理论，关于劳动价值论和剩余价值的理论，关于雇佣劳动和资本的理论，

[1]《邓小平文选》第三卷，人民出版社1993年版，第382页。
[2] 习近平:《在纪念马克思诞辰200周年大会上的讲话》,《人民日报》2018年5月5日。

关于资本主义的基本矛盾——生产的社会性和私人占有的矛盾的理论等，并不因为资本主义后来进入国家垄断阶段而消失其科学性和理论价值。恩格斯在整理《资本论》第三卷时已经看到资本主义发展的某些新变化，如股份制的问题、托拉斯和垄断组织的问题，因而出现社会资本对私人资本的扬弃，出现资本主义无计划状态的某些克服。但是，他强调，这种转化仍然是在资本主义限制之内，因此这种转化并没有克服财富作为社会财富的性质和作为私人财富的性质的对立，而只是在新的形态上发展了这种对立。国家垄断资本主义仍然是资本主义，虽然它有一些新的特点，但这些特点并没有根本改变马克思和恩格斯关于资本主义社会基本矛盾理论，关于劳动价值论和剩余价值理论。认为在当代劳动价值论已为知识价值论所取代，剩余价值理论已为利润是组织管理生产报酬的理论所取代，国家的干预已彻底消除生产无政府状态和经济危机，新的中产阶级已经消除了无产阶级和资产阶级的对立等说法，都是非科学的。实际上，科学技术在生产中的作用的提升，并不是劳动价值论的失效，而是劳动价值论正确性的证明。因为科学技术研究本身是一种复杂的高级的劳动，创造价值的是科技劳动而不是被物化的各种生产设备。各种最先进的设备本身并不创造价值，而是价值的转移。劳动价值（包括脑力劳动对价值的创造）是正确的。剩余价值在资本主义社会中仍

链接阅读

资本主义后来进入国家垄断阶段： 第二次世界大战后，由于资本主义的基本矛盾日益深化，国家垄断资本主义迅速发展，成为当代帝国主义经济生活中的支配力量。国家垄断资本主义是指资产阶级国家与垄断资本相结合，代表资本家的利益，由国家掌控和运行的一种资本主义经济。

★ 反映英国煤矿童工悲惨生活的 19 世纪版画，这些童工年龄通常在 5 岁到 10 岁之间，每天工作达 12 小时之久　文化传播 / 供图

然是存在的，仍然是多出于必要劳动而为资本所占有的部分。没有这一部分就没有利润。创造剩余价值的仍然是劳动（包括科技劳动）而不是科技本身和各种先进设备。在经济全球化的时代，资本主义国家的跨国公司，并没有消除生产的社会化和生产资料私有（虽然它以股份制的形式存在）之间的矛盾，而是在世界范围扩大了这种矛盾。因而我们说，马克思主义的经济学说仍然是有生命力的。

就科学社会主义理论来说，它的最根本的内容并不是马克思和恩格斯关于未来社会特征的描述，而是社会主义由空想到科学的转变，即把社会主义建立在现实的基础上，建立在对资本主义基本矛盾分析的基础上，从而揭示了资本主义社会进一步发展的趋向和社会主义代替资本主义的必然性。较之空想社会主义以人性为基础，马克思主义的"两个必然"的理论是科学的，因为它是建立在对资本主义社会矛盾的分析上的，至今没有失效。而且马克思和恩格斯在论述"两个必然"以后，还提出了"两个决不会"的论断，即：无论哪一个社会形态，在它所能容纳的全部生产力发挥出来以前，是决不会灭亡的；而新的更高的生产关系，在它的物质存在条件在旧社会的胎胞里成熟以前，是决不会出现的。"两个必然"和"两个决不会"的结合，构成了一个关于社会主义代替资本主义的完整的科学的理论，这个理论是对当今西方发达资本主义国家状况最具说服力的解释。马克思和恩格斯当时关于未来社会主义某些特征的描述，如关于由国家掌握全部生产资料的问题，关于商品生产和计划经济的问题，关于分配方式问题，等等，他们都是以资本主义高度发展为前提的，是从两种社会形态本质特征的角度论述的。它并不是每一个国家实现革命后立即实行的行动纲领，而是一种追求的社会理想。至于社会主义革命首先在落后的俄国实现，并在实践中具有许多超出甚至不同于马克思和恩格斯当时所设想的措施，这完全正常。毛泽东说过："马克思活着的时候，不能将后来出现的所有的问题都看到，也就不能在那时把所有的这些问题都加以解决。俄国的问题只能由列宁解决，中国的问题只能由中国人解决。"① 因此，马克思和恩格斯由于历史条件限制所不可避免的局限，并不影响他们关于社会主义理论整体的科学性质。

马克思主义哲学仍然是我们时代不可超越的哲学，这一点在西方连萨特都承认。因为马克思主义哲学是对自然、社会和人类思维最一般规律的揭示，是不能推翻的。有人说，既然哲学是时代精神的精华，那我们时代变了，为什么马克思主义哲学不能过时呢？ 这种说法，有双重误解。一方面，哲学作为时代精神的精华，并不会因为时代的改变而丧失其对人类的价值。例如，历史上许多对人类有贡献的哲学家的思想，并不会因为时代改变而由精华变为"糟粕"。具体到马克思主义哲学，我

---

① 《毛泽东文集》第八卷，人民出版社 1999 年版，第 5 页。

们现在距离马克思生活的年代虽然有一个多世纪，时代特征和面对的主题发生了变化，但这个变化并没有改变马克思主义肩负的历史使命。历史是大尺度的。我们仍然在以不同方式实践马克思和恩格斯提出的伟大理想。在这个过程中，马克思主义包括它的哲学仍然是我们的旗帜。当代的科学技术的发展，当代的社会实践，没有也不可能有任何证据，来推翻马克思主义哲学的任何一条根本性的原理。由上可见，因马克思主义诞生于自由资本主义时代而否认它当代的适用性是错误的。

马克思主义哲学的发展方式

在我国，哲学是包括多种分支的学科群。马克思主义哲学是其中最重要的组成部分，但不是唯一的内容。哲学中的各个分支都各有其特点，各自面临不同的问题。就马克思主义哲学来说，根据中华人民共和国成立 70 多年来哲学发展的经验和教训，我认为，马克思主义哲学的发展应该注意主题多样化、道路民族化、风格个性化。但这"三化"归根结底仍离不开哲学的创新。

主题多样化

马克思主义哲学就其研究领域和范围来说是非常广泛的，可研究的方面很多。所有的马克思主义哲学工作者，同时研究一个问题，没有必要。哲学研究不能是政治运动式的，短期突击很难是真正的高水平的哲学研究，也很难有高质量的科研成果。正如在文学创作中提倡题材多样化一样，我认为在哲学中也应该提倡研究的主题多样化，提倡马克思主义哲学家应该关注现实，以自己的哲学敏感性在自己的专业领域中捕捉不同的问题；而不能是哲学中的游击战，东放一枪西放一枪，没有相对固定的作战领域，不断地随着浪潮转，这样是不可能产生高水平的哲学家和哲学著作的。其实，中国特色社会主义和当代社会现实，可以说对马克思主义哲学的各个领域，无论是认识论、辩证法、历史观，还是价值论和人生哲学方面，都提出了非常多的问题，有待我们去研究、去回答。

我们应该少点体系意识多点问题意识。我不主张把精力放在创立体系上。恩格斯过去对德国大学生动不动就要创立一个体系的批评对我们同样是有价值的。对哲学来说，体系往往是相对的、暂时的，如果成为一个固定结构，就往往容易僵化为束缚思想的桎梏，重要的是对问题的研究。一个哲学家的思想珍品不是体系，而是体系中所蕴含的内容。少点体系意识是指不要动不动就搞一个主观的思辨结构，找一个所谓的逻辑出发点，弄成一个首尾相接的圆圈式的东西。这种东西除了能满足思辨的爱好和吓吓外行以外是没有用处的。但这也绝不是说，一个哲学家的基本观点可以是杂乱的、无内在联系的。即使您的思想是珍珠，也需要有一根线串着才能成为一个珍贵的饰物。我们反对的是人为的结构，但不否定自己的观点之间应该有不能自相矛盾的逻辑联系。

问题意识不同于体系意识。如果说体系可以虚构，那么问题的捕捉就必须面对现实，必须具有时代的敏锐性。在哲学领域中和在科学领域中一样，发现问题和提出问题本身就必须进行哲学研究，而且其本身也是一个重要的哲学成就，它的成就不亚于获得答案。然而，我们在哲学中并没有提出多少属于我们自己的哲学问题。一些争论最热闹的问题大多是引进的，从异化、人道主义问题到实践唯物主义问题、主客体问题，等等，无不如此。在西方已经过时的问题，在我们这里却正在争论得不可开交。当然从思潮的传播和影响的角度来看，这种情况也不可避免。尽管不是我们自己的问题，但在我们这里有引进和引起争论的土壤和需要，因而这种争论还是有益的。但这些问题终究不是从我们的哲学研究中提出的，因而不具有独创性。中国人的马克思主义哲学研究除了引进外，更应该提出自己面对的问题，就像当年毛泽东提出社会主义社会的基本矛盾、两类矛盾和正确处理人民内部矛盾，邓小平提出什么是社会主义和如何建设社会主义的问题一样，习近平总书记提出的新时代坚持和发展什么样的中国特色社会主义、怎样坚持和发展中国特色社会主义，唯此才有可能创造性地推进马克思主义哲学。

道路民族化

哲学是最具民族特色的。它和文学艺术一样，没有民族特色就没有这个民族的哲学。我们老一辈的哲学家，如冯友兰，力求用西方哲学的方法来处理中国哲学。在当代，张世英的两本著作《天人之际》和《进入澄明之境》就把当代西方哲学家海德格尔、胡塞尔的思想和中国道家的哲学相比较和相互发明，并独创性地提出了自己的看法，从而使西方哲学的思想具有中国特色。这种治学方法是很有启发的，它不是照着讲，不是移植，而是结合中国哲学的传统予以解读和发挥。

对于西方哲学的研究来说，这种方法比较容易

链接阅读

张世英（1921—2020）：湖北武汉人，著名哲学家和哲学史家。著有《黑格尔的哲学》《论黑格尔的逻辑学》等，主编《黑格尔辞典》等。

些。而对马克思主义哲学来说，则禁忌较多，因为马克思主义哲学是具有普遍性的哲学。它似乎只能应用而不能民族化，民族化似乎是对马克思主义哲学的背离。其实并非如此。马克思主义的科学社会主义学说同样是具有普遍性的学说，但社会主义实践必须具有民族特色。同样的道理，马克思主义哲学尽管具有普遍适用性，但它在一个民族中传播和生根，成为这个民族中的成员的思维方式、价值观念和行为规范就必须民族化。马克思主义哲学民族化问题可以说是一个普遍性问题。马克思主义哲学在任何一个国家传播，并被接纳、吸收和融合成该民族文化的一部分，都有个民族化的问题。这个过程是很长的，总是先经历一个照搬、移植，然后在实践中再创造的过程。这个过程也是这个民族的革命和马克思主义者日益成熟的过程。自马克思主义传入中国，已经历了100多年的结合过程，而且这个过程仍在继续。从社会主义学说来说，这是结合最为成功的，在民主革命时期是毛泽东的新民主主义革命理论；社会主义革命时期是关于社会主义基本矛盾和正确处理人民内部矛盾的理论；改革开放以来是中国特色社会主义理论体系和习近平新时代中国特色社会主义思想。而哲学方面则相对滞后，经济学更为滞后。用马克思主义观点创造符合中国实际的社会主义政治经济学还需要相当时日。

马克思主义哲学民族化不是范畴的简单转换。

把矛盾变为阴阳、物质与意识变为形与神、规律变为理、物质变为气，这只能是哲学游戏。毛泽东早在 1938 年就在中国共产党第六届中央委员会扩大的第六次全体会议上的政治报告中对马克思主义民族化问题作过原则的论述。他说："共产党员是国际主义的马克思主义者，但是马克思主义必须和我国的具体特点相结合并通过一定的民族形式才能实现。""空洞抽象的调头必须少唱，教条主义必须休息，而代之以新鲜活泼的、为中国老百姓所喜闻乐见的中国作风和中国气派。"① 根据对毛泽东论断的理解，马克思主义哲学民族化最根本的是与这个民族面临的实际问题相结合，成为用以分析和解决问题的基本认识方法。从学理上来说，是与这个民族的优秀文化和哲学传统相结合，既用以总结和分析这个民族的遗产，又充分吸收其合理的因素，使中国人的哲学研究能与历史上长期争论的问题相衔接，对老问题予以新的回答，如天人问题、义利问题、心性问题等；而且在表现上也应该为这个民族所喜闻乐见，就像毛泽东的《矛盾论》和《实践论》那样，尽管论述的是一个纯哲学问题，基本观点完全是马克思主义的，但又是具有民族特色的。它的内容是以中国现实问题为中心，而语言风格和论证方式都和苏联教科书或理论著作迥然不同。如何使我们的哲学著作生动可读、趣味盎然，仍是一个亟须解决的问题。说实在话，我自己一生从事哲学，写的却也是令人头痛、难以卒读的文章。

风格个性化

哲学与哲学家不可分。我们可以说，哲学是哲学家之所以为哲学家的存在方式。哲学家是有个性的，哲学也应该有个性。但哲学的个性不

---

① 《毛泽东选集》第二卷，人民出版社 1991 年版，第 534 页。

★ 英国哲学家弗朗西斯·培根　海峰/供图

★ 德国哲学家伊曼努尔·康德　文化传播/供图

同于哲学家的个性。哲学家的个性是其心理特性，如苏格拉底的执着、培根的贪心、康德的刻板、马克思的慈爱、恩格斯的潇洒等。哲学家作为人当然是各有个性的，但哲学家作为人的个性并不是哲学的个性。马克思说过，"不是要把哲学家的个性，即使是他的精神上的个性理解为好象是他的体系的焦点和形象，更不是要罗列心理上的琐屑小事和卖弄聪明。哲学史应该找出每个体系的规定的动因和贯穿整个体系的真正的精华"①。当然，哲学的个性也包括每个哲学家哲学观点的表现方式。它可以是诗，像西方的《物性论》和中国的《道德经》；可以是散文和随笔，如蒙田的散文；可以是寓言，如《庄子》；可以是书信，如伏尔泰的《哲学通信》；可以是小说，如卢梭的《爱弥尔》和狄德罗的《拉摩的侄子》；可以是格言式的短语，如帕斯卡尔的《思想录》以及朱熹与王阳明的语录之类的著作。至于康德和黑格尔的纯理论性的哲学著作、马克思和恩格斯的论战性的著作，更是风格迥异，各有特色。

其实，我们应该把哲学和哲学问题区分开来。哲学是个总称，它是相对于非哲学即实证科学而言的一种认识形式。哲学是以世界为对象、以人与世界的关系为中心、以提高人认识世界和改造世界的思维能力和整体素质为旨归的一种认识形式。因为是以世

①《马克思恩格斯全集》第四十卷，人民出版社1982年版，第170页。

界为对象，故对哲学而言就包括对人与世界的关系的研究，因为哲学视野中的世界是现实的世界，是包括人在内的世界，以人与世界的关系为中心是哲学与自然科学研究世界的根本区别。自然科学的世界是无人的世界，它关注的是自然自身。自然科学中出现的人的观察和实验对自然科学结论的影响问题、自然科学研究的对象不是纯客观的对象，也是人对自身的认识问题、关于自然科学家的人文精神问题，这都已经不是自然科学问题，而是进入了哲学领域。当代西方自然科学中存在的主体化倾向是一种哲学路线而不是自然科学本身研究主题的变化。在人类所有的知识中，只有哲学才关注人与外在世界即人与自然、人与社会关系的研究。这种研究本质上也是对人自身的研究。了解这种关系，就是了解人。因为只有从这种关系中才能了解人，人不可能直接从人自身了解自己，而必须通过自己的对象性存在物来了解，而人参与改造的自然、人的活动形成的社会就是这种对象性存在物。人在改造自然和社会的过程中使自己成为人，而且成为处于特定关系之中并具有这种社会关系特性的人。

哲学的功能是双重的，但它不同于自然科学。哲学具有认识功能，能为人类认识世界和改造世界提供世界观和方法论。因为它超越了分门别类的科学专业所不可避免的狭隘性，具有普遍适用性，因而它的这个功能是任何科学都无法替代的。另一个是价值功能，它为人类提供了一个具有真理性的、道德性的和审美意义的评价尺度、衡量生活意义的尺度，把人提升到了一个更高的境界。哲学的认识功能如果脱离价值功能就会变为单纯的工具理性，丧失它作为哲学的特性；反过来说，如果哲学没有认识功能而只有价值功能，这种价值功能也就不可能是以科学规律为基础的，而是一种教堂里的传道。哲学的认识功能和价值功能的统一，归根结底是以世界自身的规律为依据，把规律变为认识工具，把规律变为价值评价的客观依据。这就是对客观规律的认识内化为主体智慧的过程。

哲学和哲学问题不同。哲学是全体，而任何一个哲学家都只能是哲学的一种形态。哲学家是通过哲学问题进入哲学殿堂的，离开了哲学问题，就不可能有哲学家，就不可能有各种风格的哲学家。不同时代、不同国家、不同民族面对不同的哲学问题，思想敏锐的哲学家提出了问题并以自己特有的方式回答了问题。这就形成了不同的哲学派别、不同风格的哲学家。任何哲学问题都是哲学，都是哲学中的问题，如本体论问题、认识论问题、方法论问题、历史观问题、人学问题、语言哲学问题等，而且问题中还有问题。任何一个新的问题的提出和解答，都是一种新哲学的出现。但哲学不能归结为任何一个哲学问题，认为哲学就是本体论、就是认识论、就是人学、就是语言哲学，或者就是什么什么都是片面的。哲学问题的出现和回答具有时代制约性，它是变化的，这种变化就是哲学史。一部哲学史就是哲学问题和对问题回答变化的历史。

哲学个性化问题，是指哲学问题的新颖或对问题观察方式的独特。哲学的个性化并不意味着哲学只是哲学家个人特有的看法，用不着认同和验证。只属于哲学家个人特有的看法不是哲学智慧，最多是一种意见，而且是一种无足轻重的个人意见。哲学的特性是它的内容的普遍性。不管风格如何独特，一个哲学家的只要是称得上具有哲学意义的观点，不管对错，都必须具有一定程度的普遍性，而不能只是一人之言。唯物主义观点具有可验证性、具有普遍性。即使是唯心主义（唯心主义是哲学两大基本派别之一，主张理念是世界的第一性质，物质是世界第二性质。唯心主义分为客观唯心主义和主观唯心主义）哲学也不是纯个人的，而是有其生活依据的。例如，"物是感觉的复合""存在是被感知"，这是两个最著名的唯心主义命题，可这都不是空穴来风。人们在日常生活中，对同一个苹果可以有不同的看法，有的认为甜，有的认为酸，有的认为太脆，有的认为太面，有的认为是红的，有的可能认为是红中透青、不够熟，如此等等，几乎任何一个人都可以对同一个苹果形成不同的感觉，这是日常生活经验。再如，人们只有进到房子里看到桌子才知道桌子存在，如果从来没有进入房间，从来没有见到桌子，就不可能知道房子里有桌子。可见，存在之所以存在，必须进入人的观念，被人在观念中把握到。"存在是被感知"这个哲学命题是错误的，可它借以产生的经验却是普遍的，是人们在日常生活中每日每时都能体会到的。这正是唯心主义得以存在的根据，贝克莱和马赫正是对人们的日常经验给予了唯心主义的解释。我们要哲学风格的个性化。哲学体系是不可重复的，但绝不是说哲学内容与真理无关。实际上真正有价值的哲学体系都在不同程度上、以不同的方式分享真理。哲学不能离开真理。任何哲学体系都不能独占真理，但任何不包含真理颗粒的哲学都只能是哲学垃圾。哲学的个性一旦排斥真理就走进了死胡同。

▍马克思主义哲学应该创新

马克思主义哲学应该发展，但应该是在马克思主义基础上的发展，即在坚持对世界对人类社会的辩证唯物主义观点基础上前进。任何一个真正的马克思主义哲学工作者都必须高度重视并重新认识实践在马克思主义哲学中的地位和作用，但任何一个马克思主义哲学工作者都不会同意以重视实践为名推翻辩证唯物主义基本原则，把世界物质性和世界物质统一性的观点，把物质与意识区别联系的观点，把规律性观点、把承认真理客观性观点，统统称为还原主义、本质主义予以摒弃，这不可能是对马克思主义哲学的发展。我们应该沿着马克思主义开辟的科学世界观的道路前进，正确理解实践的辩证的和唯物主义的本性，只能在唯物辩证地理解人的实践活动与客观世界关系的基础上阐述实践的多种功能。我们应该理直气壮，不要为一些新的名词术语所吓倒，不要怕别人说思想保守、僵化。列宁说得对，沿着马克思的理论的道路前进，我们将越来越接近客观真理（但决不会穷尽它）；而沿着任何其他的道路前进，除了混乱和谬误之外，我们什么也得不到。

我们要坚持辩证唯物主义和历史唯物主义的基本原则，这并不意味着我们要坚持苏联哲学教科书中过时的观点和错误，更不是面对已有的基本原理袖着双手无所作为。不是的！我们要以与时俱进的精神状态和治学态度对待马克思主义哲学基础理论的研究。我们应该吸收改革开放以来对哲学研究的新成果，即使在不同意见的争论中同样有许多值得吸取和进一步研究的观点。真理是在碰撞中才能发光的燧石。

马克思主义能不能创新？什么算是马克思主义哲学的创新？这是一个有待深入研究的问题。我们不能离开马克思主义哲学特点来谈论哲学创新，应该说，技术创新、科学创新、马克思主义哲学创新各有特点。

对一个国家来说，技术创新并非都是始于原创性。因为技术特点是工具性的，它的根本目的是应用，可以在引进和仿造基础上进行创新。从生产力发展的角度说，一个国家的某种技术或工具从无到有，就具有创新价值。例如，旧中国自己不会造飞机，中华人民共和国成立后自己能造，这就是我们在飞机工业方面的创新。原子弹首先是在美国、后来在苏联制造成功，我们依靠自己的力量制造出原子弹，这是国防工业方面的创新。一种工业产品、一种技术，即使是别国首先创造，但我们同样可以采取拿来主义。对于别国的先进技术和工具，我们并不片面强调原创，而是在引进先进技术和工具基础上改进。计算机和网络的发明及运用首先在西方兴起，但这并不妨碍我们以信息化带动工业化来实现工业化的新道路。当然，在技术和工具方面，如果是我们自己首先创造和发明，更具有创新价值。技术创新并不拒绝模仿和引进。拒绝先进技术的引进，永远难以创新。

从科学原理来说，它就不同于生产技术和工具。科学原理，无论是自然科学还是社会科学，它不能仿造，不能以引进代替原创。科学原理的创新，只能是首创或称原创性。例如，爱因斯坦的相对论只能属于爱因斯坦，另一个人重复不算创新，除非是在不同地区同时发现同一原理。牛顿的力学如万有引力的创新只能属于牛顿。所有自然科学的发现，公理公式的提出都属于某个人的创新。当然，自然科学的创新也是后人站在前人的肩膀上实现的，它同样存在继承性和人类知识的积累，但就它的内容来看，是新的规律的发现者，新公式的表述者，是真正创立新原理的第一人。哲学创新不同，它不能简单以首创为标准。因为没有一个哲学家的新的体系不需要借助前人的思想的积累，并把前人的思想作为内容中的一个部分包括其中，它是

链接阅读

爱因斯坦（1879—1955）：20世纪理论物理学家、思想家，现代物理学奠基人。爱因斯坦创立了相对论，开创了现代物理学的新纪元，被公认为是继伽利略、牛顿之后最伟大的物理学家，也是批判学派科学哲学思想之集大成者和发扬光大者。

牛顿（1643—1727）：英国著名的物理学家、数学家、天文学家和自然哲学家，高等数学的奠基人，万有引力的发现者，经典力学的开创者，百科全书式的"全才"，被誉为人类历史上最伟大的科学家之一。

★ 牛顿　　　　　　　　★ 爱因斯坦　文化传播／供图

在继承前人思想基础上对同一思想的推进。因此，哲学中的创新是人类遗产的积累，它在新条件下增加新的内容，但又包括前人的成果。在哲学史上，往往能够从后来的哲学家的思想中发现历史上哲学家的影子。我们可以有一部辩证法发展史、唯物主义发展史、无神论史，而且可以发现类似的论述。这并不妨碍每个哲学家的独创性。即使主题相同，主张相同，但都具有不同时代条件下各自论证的特色。世界上的唯心主义、唯物主义都具有某种共同性，但论据不同、论证的方式不同，形成多种多样的无数的唯心主义者、唯物主义者。

马克思主义哲学的创新同样是如此。我们从马克思主义哲学创始人马克思和恩格斯那里能够发现黑格尔，发现费尔巴哈，发现法国唯物主义，发现法国历史学家、经济学家的某些思想积累。我们可以从马克思主义哲学中分解出各种各样的前人已经取得的哲学成就，可这丝毫不影响马克思主义哲学的原创性，不贬低它在哲学变革中的意义。因为所有前人的成就和积累，都是经过重新研究和改造过的，以一种新的姿态出现，而不是前人思想的仿造和重复。

这一点，对马克思主义哲学研究更为重要。只要我们是马克思主义理论工作者。我们

链接阅读

法国唯物主义：又称"18世纪法国唯物主义"，是对18世纪法国唯物主义哲学思想、理论的统称，主要代表有拉美特利、狄德罗、爱尔维修、霍尔巴赫等。他们继承了古希腊德谟克利特、伊壁鸠鲁，古罗马卢克莱修等人以及17世纪英国经验论者和笛卡尔、斯宾诺莎等人的唯物主义思想，并概括总结了当时的自然科学最新成果，是在反对封建专制制度、宗教神学的斗争中发展起来的。它的主要观点包括彻底的无神论思想、肯定物质世界自身的存在等，是当时西欧最进步的哲学。它的局限性在于其机械论、形而上学和唯心史观。

的创新就不是另起炉灶，它必然是以马克思主义哲学已有的基本原理为依据的。马克思主义哲学的创新，可以说是马克思主义者在马克思主义范围内的创新。我们以马克思主义中国化的三个伟大成果为例。毛泽东思想当然是创新的典范。可《实践论》的核心仍然是马克思主义哲学关于实践和认识的基本原理，但毛泽东结合中国的实际系统论述了这些原理，其中既有马克思主义哲学中原有的东西，又有根据总结中国实际新增加的东西。《矛盾论》同样如此，其核心是马克思主义哲学关于对立统一规律的思想，可它又根据中国经验增加了新内容。邓小平理论也是这样，邓小平关于社会主义本质的著名论断——解放生产力，发展生产力，消灭剥削，消除两极分化，最终达到共同富裕，分开来，都是前人讲过的。消灭剥削，消除两极分化，连空想社会主义都提倡，至于共同富裕，《礼记》中就有。可作为针对原有社会主义观念和模式的缺陷，作为关于社会主义本质的论断，作为对中国社会主义发展道路的论述，体现的是一种新的社会主义观，这就是创新，而且是马克思主义发展史上最具价值的创新。同样，习近平新时代中国特色社会主义思想作为基本原理是马克思主义基本原理，可它根据新的时代特征，根据建设中国特色社会主义和执政党建设的需要，根据中国建设的经验赋予新的内涵和措施，成为坚持党的先进性和中国特色社会主义建设长期的指导思想，这就是创新。所以，马克思主义哲学的创新，并不能等同于自然科学原理的创新，提出全新的定理和公式，也不同于技术的创新，通过对原件的引进、仿造而加以改进。马克思主义哲学的创新是结合，即马克思主义基本原理同中国实际、同时代特点、同新的科学技术的发展相结合。在结合中创新、在结合中发展。因为结合中包括如何结合，并从结合中得出适合解决我们自己面临问题的新结论。这个新的结论和解决问题的方式，就具有原创性。因此，马克思主义哲学的原创性，不能简单地追求言人之未言，而必须是在结合中能够解决中国实际问题并把实践经验上升为马克思主义理论。在中国，马克思主义中国化，可以说是创新之路，也是马克思主义哲学繁荣之路。

发展 21 世纪马克思主义

发展 21 世纪马克思主义、当代中国马克思主义，是时代赋予当代中国马克思主义理论工作者的一项重大历史使命。在发展 21 世纪马克思主义和当代中国马克思主义的过程中，必须坚持两个根本原则。

首先，问题导向原则。习近平总书记指出："坚持问题导向是马克思主义的鲜明特点。问题是创新的起点，也是创新的动力源。只有聆听时代的声音，回应时代的呼唤，认真研究解决重大而紧迫的问题，才能真正把握住历史脉络、找到发展规律，推动理论创新。"[1]真正的哲学是时代精神的精华，世界上任何伟大的哲学社会科学成果都是在回答和解决时代提出的重大问题中创造出来的，马克思主义也不例外。如果不以问题为导向，不研究社会进步、人类发展的"真问题"，不探讨资本主义向何处去的问题，马

---

[1] 习近平：《在哲学社会科学工作座谈会上的讲话》，人民出版社 2016 年版，第 14 页。

克思主义也就不可能产生；同样，如果不认真研究解决不同时代所提出的重大问题，也就不可能有列宁主义、毛泽东思想和中国特色社会主义理论体系。作为一种开放的理论体系，与时俱进是马克思主义的独特的理论品格，只有回应和解决实践中遇到的重大问题，才能真正实现理论创新，这也是马克思主义永葆生机活力的根源所在。习近平新时代中国特色社会主义思想之所以能开辟当代中国马克思主义的新境界，就是因为它立足于中国特色社会主义在建设中遇到的重大问题，提出了一系列新观点新理念新思路。任何脱离实际问题的教条主义、本本主义，或功利化的实用主义，都只会窒息马克思主义的生命力。

其次，要坚持以人民为中心的研究导向。习近平总书记指出："为什么人的问题是哲学社会科学研究的根本性、原则性问题。"[①] 坚持以人民为中心的研究导向应是马克思主义哲学研究的根本原则。世界上没有纯而又纯的哲学社会科学。马克思主义决不只是一种单纯的科学体系，它也包含着鲜明的政治立场和实践旨趣，即自觉地服务于无产阶级和人类解放。可以说，"哲学为人民"是马克思主义哲学的本质特征，脱离了人民就等于脱离了实践。我不相信一个不热爱人民、不关心实践、只关心本本的人，能真

链接阅读

实用主义：美国产生于19世纪末的一个哲学派别，在20世纪的美国成为一种主流思潮，主要代表人物有美国的皮尔士、詹姆斯和杜威等，英国的F.C.S.席勒、意大利的G.瓦拉蒂等。实用主义认为，要以经验为基础，以行动为中心，以获得效果为目的。其基本特征是否定客观真理，认为真理不在于它是否符合客观实际，而完全是根据人的利益需求创造出来的。实用主义对美国的法律、政治、教育、社会、宗教等领域都产生过很大的影响。

① 习近平：《在哲学社会科学工作座谈会上的讲话》，人民出版社2016年版，第12页。

★ 实用主义的集大成者美国哲学家杜威

正有勇气、有决心、有兴趣投身于创造性推进马克思主义哲学的伟大事业之中。

发展 21 世纪马克思主义，特别是发展当代中国马克思主义必须立足中国实际，这是根本。脱离了中国实践，发展马克思主义就是一句空话。同时，还必须具有世界眼光，要积极吸收和借鉴人类文明的一切有益成果，不断发展和创新马克思主义。从当前世界局势来看，发展马克思主义，离不开对当代资本主义运行机制及其发展规律的研究，这就要求我们必须深入剖析当代资本主义新变化新发展新形态，把握其内在本质，系统深化对当代资本主义内在矛盾及其发展趋势的规律性认识。在这方面，国外马克思主义研究成果能够为我们提供重要启示，我们应当充分吸收和借鉴。但是，另一方面，我们也必须对国外马克思主义保持清醒认识，决不能带着猎奇心态，一味地求新求变，制造一些新奇的概念卖弄一些空洞的文字游戏；更不能全盘照搬，用于指导和发展当代中国马克思主义，这样就完全本末倒置了。

国外马克思主义有各种各样的派别，应该具体分析，深入分析它们各自的观点和得失。他山之石，可以攻玉。但我们应该懂得，由于社会背景和历史条件不同，西方马克思主义虽然对资本主义持批判态度，但他们主导趋向走的是学术化、学院化道路，而不是以推翻资本主义社会、实现马克思主义伟大理想而从事马克思主义研究。我们则不同，在中国，马克思主义是行动指南。不忘初心，牢记使命，是我们研究马克思主义的目的。毫无疑问，由于西方马克思主义处在西方社会环境下，直接面对资本主义社会，他们对资本主义社会中的问题可以有较深入的观察和切身感受，我们可以从西方马克思主义者包括左翼思想家们那里汲取他们对资本主义的批判思想，但他们的学术化、学院化趋向，又限制了他们继承和发挥马克思主义的革命实践精神，把马克思主义研究导向纯学术研究，摒弃马克思主义的历史使命，容易变成讲坛上的马克思主义或论坛上的马克思主义，这种马克思主义可以为西方统治者所容忍，可以出书，可以授课，因为它对西方资产阶级的统治并没有多大威胁。特别是由于西方马克思主义所处的社会和思想环境，其中一些学派往往容易与西方哲学结合，产生出种种旗号的马克思主义，导致对马克思主义的肢解。

正因为这样，我们既不能盲目排斥西方马克思主义，也不能不加分析地把西方马克思主义的观点奉为创新，盲目跟风，应该对他们的观点和著作进行具体分析和研究。马克思主义研究应该重视学术性，应该写出高质量的学术性著作，但从方向或理论趋向上说，我们的马克思主义研究不能走脱离中国特色社会主义建设、脱离人民群众、脱离现实实践的学院化道路。学术性与学院化是不同的。如果我们的马克思主义研究走学院化道路，就会把中国马克思主义理论研究带入死胡同，更不用说什么在实践中发展马克思主义了。

在马克思主义研究中，我们不能轻中国马克思主义理论，重西方马克思主义理论，这不是对西方马克思主义采取拒斥态度，而是中国马克思主义研究的主次问题。作为一个专业，我们应该有人毕生从事西方马克思主义研究，作为一个马克思主义理论工作者，我们也应该关注西方马克思主义研究的进展和动态。但我们举什么旗帜，坚持什么观点，仍然要坚持马克思主义基本原理与中国实际相结合的马克思主义中国化道路，立足中国实际，解决中国问题，坚定马克思主义理论信仰，有分析、有鉴别地对待国外马克思主义流派，使后者真正服务于对中国问题和中国化马克思主义的研究。

中国马克思主义理论工作者有特别有利的条件从事创造性的马克思主义研究工作。第一，中国共产党旗帜鲜明地坚持马克思主义，坚持马克思主义中国化道路，为中国马克思主义理论工作者树立了创造性发展马克思主义的榜样，并为其指明了方向。中国特色社会主义理论体系是马克思主义中国化的最新成果，是对马克思主义的创造性发展，特别是习近平新时代中国特色社会主义思想是21世纪的马克思主义，是当代中国的马克思主义。中国马克思主义理论工作者有科学的指导思想和丰富的理论资源。第二，中国马克思主义面对建设新时代中国特色社会主义、实现中华民族伟大复兴的中国梦的实践，这是任何其他国家的马克思主义研究所没有的条件。实践是理论之母，是推动马克思主义创造性发展的动力。可以说，中国特色社会主义伟大建设实践，为中国马克思主义理论工作者的创造性研究开拓了极其广阔的空间，中国马克思主义理论研究大有可为。我们这些马克思主义理论工作者

★ 中国共产党历史展览馆内习近平新时代中国特色社会主义思想电子宣传屏

可以说是"生逢其时"。习近平总书记指出："我国哲学社会科学应该以我们正在做的事情为中心，从我国改革发展的实践中挖掘新材料、发现新问题、提出新观点、构建新理论……提炼出有学理性的新理论，概括出有规律性的新实践。"①

事实上，中国特色社会主义建设是社会主义发展史、马克思主义发展史上的一项前无古人的伟大创举。要发展 21 世纪马克思主义和当代中国马克思主义，中国马克思主义理论工作者必须扎根中国大地，立足中国实际，认真研究、解决中国特色社会主义建设实践中遇到的重大理论和现实问题，尤其是改革中出现的重大问题。习近平总书记讲要将改革彻底进行下去，其中会遇到很多新问题新挑战，需要马克思主义理论工作者认真研究、细致探索。坚持马克思主义，坚持中国特色社会主义理论，创造性地研究马克思主义，为中国特色社会主义建设立德立言、献计献策，是马克思主义理论工作者应当承担的社会历史使命。

党的十八大以来，以习近平同志为核心的党中央以巨大的政治勇气和强烈的责任担当，出台了一系列重大方针政策，提出了一系列重大举措，推进一系列重大工程，解决了许多长期想解决而没有解决的问题，办成了许多过去想办而没有办成的大事，推动党和国家事业发生历史性变革。这些历史性成就和历史性变革，对党和国家事业发展具有重大而深远的影响。但我们不能认为现在一切问题都解决了，可以高枕无忧了。实际上，我们面对的需要解决的问题并不少，尤其是进入改革深水区，会碰到新的问题。作为马克思主义理论工作者，我们必须坚持历史唯物主义，客观地认识问题、分析问题，既要充分看到中国特色社会主义的伟大成就，尤其是党的十八大以来取得的历史性成就，但也不能掩

---

① 习近平:《在哲学社会科学工作座谈会上的讲话》，人民出版社 2016 年版，第 21—22 页。

盖问题，必须以一个学者所应承担的社会责任，研究这些问题，为新时代中国特色社会主义建设贡献自己的力量。

我们从事马克思主义理论教学和研究工作，是在一个非常重要的领域——意识形态领域——工作。这是一个存在思想理论斗争的领域，是一个关系到中国特色社会主义举旗定向的领域。作为一个马克思主义理论工作者，对思想理论领域中存在的问题不能视而不见。苏联解体、东欧剧变以来，一些别有用心的人一直鼓吹马克思主义失败了，宣扬马克思主义过时论，这是完全错误的。苏联和东欧的失败绝不是马克思主义本身的失败，而是修正主义和教条主义的失败，是故步自封和封闭僵化体制的失败。这些教训进一步从反面证明了马克思主义的科学性，证明了理论联系实际、实事求是路线的正确性，证明了全面从严治党的重要性。苏联解体、东欧剧变并不是因为当政者创造性地与本国实际结合起来应用马克思主义，而是走了一条由教条主义到修正主义，到最终解散共产党，取消马克思主义的道路，走了一条由深陷泥潭到彻底没顶的道路。

还有一些人鼓吹"普世价值"和西方的"宪政民主"，指责中国特色社会主义政治制度是专制制度，以民主和专制的两极对立来抹黑中国共产党。西方民主制度真的就是人民当家作主吗？真能代表民意吗？不能。表面上看，西方民主倡导一人一票制，可以用选票来表现民意。其实，真正参与投票的人数往往并非一国人民的大多数，而且由于各个政党对选票的瓜分，当选者其实对全国人民而言并非多数。我们还不说黑金政治、舆论操纵以及种种选举怪招、"奥步"，这种表演民主、拜票民主、拉选民主、金钱民主，称不上是真正代表民意的民主。同样，西方国家所谓的多党制，实际上仍是一个党，它们所代表的其实只是同一个阶级中的不同利益集团。例如美国，不论是民主党还是共和党执政，谁上台执政都不会改变美国的资本主义性质。近些年来，关于西方民主制度危机的评论不绝于耳，西方有识之士不断抨击西方民主制度已走向穷途末路。我们国家则不同。从领导角度说，中国实行中国共产党领导下的多党合作制。社会主义国家绝不能实行多党制，实行所谓轮流坐庄的政党轮替制，否则，将会重蹈苏联解体、东欧剧变的覆辙。这是由社会主义制度的本质决定的。除以马克思主义为指导的共产党外，世界上没有任何一种性质的政党能担负建设一个消灭剥削、消除两极对立、全民共同富裕的社会主义社会。在中国，共产党的绝对领导和社会主义制度是不可分的。没有共产党领导的社会主义社会，正如没有社会主义制度的共产党领导一样，都是不可能的。

▌ 未来属于马克思主义

　　世界上没有万世一系的王朝，也没有永恒不变的思想体系。在人类历史上，许多思想体系在经历了一个或长或短的时期后无不从兴盛走向衰落。古代希腊罗马和中国春秋战国时期的学派林立、百家争鸣的繁荣景象终已成为历史的陈迹。

　　一种思想体系能存在多久，首先取决于它在何种程度上满足社会的需要。社会需要是一种思想体系能够产生和存在下去的依据。这种需要的社会基础越广泛、越强烈，符合这种社会需要的体系的存在时期越长久。其次取决于这种思想体系的性质，它的真理性、可传播性和适应性。一种高深莫测、晦涩难懂、封闭的思想体系是很难持久的。

　　相对而言，马克思主义是比较年轻的思想体系，它从诞生至今才一个多世纪，正处在方兴未艾之际。

　　马克思主义具有极大的社会需要性，从社会主义在一国首先胜利到社会主义在世界范围内成为处于支配地位的社会形态，这是一个相当长的历史阶段，马克思主义承担的历史使命才刚刚开始，远没有结束。到目前为止，人类并没有发现有任何学说和主义能取代马克思主义。无论是弗洛伊德主义、存在主义、结构主义、逻辑实证主义，以及其他什么主义之类，就局部范围说，或者就它自己的研究领域来说，很可能有某些可取之处，但从总体来说，它们无法科学地解释历史和现实，根本不可能成为人类获得解放的指导原则。马克思主义诞生以后，特别是第二次世界大战以来，西方出现了许多学派，但它们的寿命都不长，如同走马灯一样，唯独马克思主义依然保持它的巨大的吸引力。在当今世界上，马克思学的兴起，这本身就是马克思主义具有强大生命力的一种证明。

马克思主义具有极强的适应性。从其产生看，它开始于西欧几个资本主义比较发达的国家，但就其传播来看，它很快超出了西欧、北美，传到亚洲、非洲、拉丁美洲，传播全世界。它之所以能在具有不同文化传统、不同种族和民族、不同语言的国家和地区扎根，是因为它能同各国的实际情况相结合，能够被民族化，适应不同情况的需要。

马克思主义具有实践性和群众性。历史上许多思想体系的活动范围有限，它们往往是在少数知识阶层的狭小圈子中传播。而马克思主义走出了书斋，走出了单纯知识分子范围，与千百万人民的活动结

链接阅读

逻辑实证主义: 又称"逻辑经验主义"，现代西方哲学思潮之一。20世纪20年代，奥地利维也纳学派首先提出"逻辑实证主义"的概念，到30年代逐渐形成国际性思潮，在德国、波兰、英国、法国等国家出现了一批代表人物或学派。其基本特征是把数理逻辑方法与传统的实证主义、经验主义结合起来，主要目标是取消"形而上学"，建立一种科学哲学。

合在一起。如果说，有些思想体系由于活动范围狭隘，往往随着它的创立者的逝世而走向没落，而马克思主义的广泛群众基础使得它不会因它的创造者逝世而发生中断。在马克思和恩格斯生前，在第一国际和第二国际时期已涌现出一批马克思主义者。在马克思和恩格斯逝世后，随着工人阶级革命政党的广泛建立和社会主义革命在一些国家的胜利，各国都出现了一批马克思主义者。在马克思主义广泛传播的基础上，马克思主义者人才辈出、代代相继。

马克思主义的生命力还在于它的创造性。历史经验证明，凡是以终极真理自居的思想体系，没有一个能够比较长期存在的。马克思主义历来反对终极真理，认为它同辩证思维的基本规律是相矛盾的。绝对完满的认识，正如绝对完满的社会制度一样是荒谬的。

作为马克思主义创始人的马克思和恩格斯，终其一生都在不断地总结新经验，探索新问题，始终没有停止过创造性的研究。马克思和恩格斯的后继者的杰出成就不仅在于坚持马克思主义，而且在新的条件下发展了马克思主义，继续把马克思主义向前推进。

我们应该把马克思主义同马克思、恩格斯适当区分开来。马克思主义当然离不开马克思和恩格斯，它是由他们创立的，但又不能等同。马克思、恩格斯是创立这种学说的主体，而马克思主义是被客观化了的思想体系。马克思和恩格斯的生命是有限的，他们逝世于 19 世纪；而马克思主义作为一个思想体系，它按着自身的逻辑和规律发展，它的生命活动期相当长。因此，我们对马克思、恩格斯评价的尺度应该不同于对马克思主义的要求。

我们对马克思、恩格斯的评价应该是历史的，因为他们是历史人物。我们不能脱离他们的时代要求他们。我们不能因为他们没有看到他们逝世后的科技革命，没有看到原子弹、计算机、遗传工程而否定他们。马克思和恩格斯的伟大功绩在于，他们完成了他们同时代人所无法完成的任务，为人类创立了一个新的学说——马克思主义，这是一个比他们前人的任何一种思想体系更科学、更具有批判性的思想体系。

我们对马克思主义的评价应该是现实的，即当代的马克思主义在何种程度上推进了马克思主义，他们是否运用马克思主义解决或试图解决当代资本主义和当代社会主义面临的新问题，总结科技革命的新的成果。马克思主义的本质永远是当代的，而不是历史的，因此马克思主义有其长期存在的理由和根据。

毫无疑问，一个学派或思想体系的后继者同它的创始人之间的关系是复杂的。马克思主义在各国的传播，它与各国具体情况和文化传统的结合，当然会使马克思主义的内容和形态发生变化。但与其他思想体系不同的是，它不是表现为改变自己的内容以适应新的社会条件和特定阶级需要，而是表现为沿着马克思主义创始人开辟的真理道路前进。它不是远离真理，而是不断为真理性认识增加新的颗粒。

难道人类以后永远只有一种思想体系——马克思主义吗？在我们的时代争论这个遥远未来的问题，只能转移人们对当代意识形态斗争的注意力，忽视了我们应该如何结合当代提出的问题创造性地发展马克思主义的重大责任。用抽象的、烦琐的争论来推开当前的现实，是很不明智的。

其实，只要我们深入地考察一下人类思想史，这

★ 恩格斯在马克思墓前的讲话中对马克思一生为无产阶级事业所作的伟大贡献给予了高度评价。图为恩格斯《在马克思墓前的讲话》手稿　海峰／供图

个问题不难回答。在人类思想史上发生各种思想体系的演变，但在各种思想体系下获得的知识并不会消失。如同积土为山，层层相叠构成了人类知识的总体。

同样，在马克思主义体系中，我们应该看到无产阶级理论形态的马克思主义和作为人类知识、作为科学真理之间的差异性。马克思主义作为无产阶级的理论形态，它所包含的特定的阶级关系和阶级内容，当它的历史使命完成之后会消失，可是作为科学真理，它会被汇集到人类知识的大海之中。即使多少年以后会出现一个什么主义或思想体系，只要它是科学的，它必然会在马克思已经取得的科学成就基础上，并把它作为最重要的来源和内容包括在其中。在这个意义上，马克思主义是永存的。

马克思逝世以后的后马克思时代，是马克思主义大发展时期，也是马克思主义的高潮与低潮交错的时期。亚洲并非马克思主义的原发区，但它在亚洲得到重大发展。继十月革命后中国革命的胜利，以及亚洲其他国家革命的胜利，使马克思主义曾红遍半个世界，可谓霞光满天。可20世纪80年代以苏联解体、东欧剧变为标志，马克思主义发展在一定程度上陷入困境。由于苏联解体、东欧剧变，与社会主义制度崩溃和逆转相伴随，马克思主义的威信受到极大的打击。在苏联解体、东欧剧变后，西方一些政治家弹冠相庆，欢呼共产主义的崩溃和没落。自由主义一时成为最流行最时髦的思潮。

链接阅读

自由主义： 产生于19世纪初的一种资产阶级政治思潮，主要代表人物有英国的边沁、密尔，法国的埃斯曼，德国的埃林涅克等。它是对资产阶级革命时期提出的"自由""平等""民主"等口号的补充，反映了资产阶级在确立政权后的利益和要求。它是一种把个人自由看作社会发展基础的资产阶级政治理论和经济理论的综合思潮，主张追求个人发展、自由竞争和人身保障，提倡个人谋取私利的主动精神、经营企业和订立合同的自由等。

但是马克思主义并没有被打倒，也不可能被打倒。不仅马克思主义在中国的改革开放中得到创造性发展，而且在世界上，不少马克思主义者和左派人士从苏联解体、东欧剧变的打击下重新集结，总结经验，探讨发展的前景和方式。1998 年在巴黎召开的马克思主义国际会议和《共产党宣言》发表 150 周年时召开的国际会议，都表明世界并没有忘记马克思，没有抛弃马克思主义。

事实上，马克思主义仍在世界政治生活和思想领域中发挥它的重大作用。西方马克思主义在不断变化。世界上出现了各种名称的马克思主义学派。当然，西方马克思主义并非一个统一的学派，它们的理论视野和理论风格迥异。可是苏联解体、东欧剧变后，它们的政治态度很值得注意。西方马克思主义在它开始产生时，是以反对传统马克思主义，特别是苏联式的马克思主义为主要特征的，可在苏东剧变后，其中有些人却采取维护马克思主义的立场，反对把苏联模式的社会主义失败说成是马克思主义的失败。因而我们对各种不同旗号的西方马克思主义的观点和政治立场应该采取具体分析的态度，既不能一概赞同，也不能简单拒绝。

此外，在当代西方社会思潮中，后现代主义甚为活跃。后现代主义是资本主义社会自身矛盾的产物，是对资本主义社会现代化中消极方面抗议的理论表现。它在批评资本主义现代性的过程中，往往援

链接阅读

后现代主义：20 世纪中叶以后，西方出现的一股具有反近现代体系倾向的思潮，主要代表人物有德里达、福柯、哈贝马斯、伽达默尔等。它最早在艺术领域兴起，后在哲学界、文艺界、史学界等领域兴盛起来。它反对现代主义以个人主体为中心，提倡主体客体二元论；反对启蒙思想、反对现代主义、反对盲目崇拜科学理性，认为追求真理是西方的一大幻想。

/

引马克思主义对资本主义的批判，从而表现出对马克思主义的某种程度的接近。但它们的根本观点与马克思主义并不相同。然而，后现代主义的这种表现不是"作秀"，而是表明在当代任何对资本主义的批判，都不可能无视马克思主义的伟大成就。其实，说得极端一些，人们从当代西方发达资本主义国家的政府，更不用说自称实行第三条道路的政府推行的政策，如劳资政策、社会福利和社保政策、税收政策以及调节两极对立的政策中，都可以看到社会主义国家存在的影响，看到马克思主义对资本主义社会矛盾批判的作用，都能看到马克思主义的影响。

事情正像德里达在《马克思的幽灵》中所说的，我们都是马克思的幽灵即处在马克思的阴影之下，我们不能没有对马克思的回忆。在当代世界，不仅马克思主义的坚决拥护者，即使是马克思主义的形形色色的反对者，都绕不开马克思。可以说，全世界都受到马克思主义思想的影响。然而在当代，马克思主义不像 1848 年时的欧洲共产主义那样是一个幽灵，而是一个在思想理论领域和现实政治生活中，最具真理性最有影响力的学说。尽管如此，与 20 世纪

链接阅读

德里达（1930—2004）：法国哲学家，解构主义的奠基人。生于阿尔及利亚，青年时期在法国巴黎高等师范学校读书，并去美国哈佛大学深造，后任教于索邦大学、巴黎高等师范学校。他的思想对当代西方人文科学产生了重要影响。著有《声音与现象》《解构与思想的未来》等。

上半叶相比，马克思主义总体上还是处于低潮。但这种情况只是前进中的曲折。当代世界经济全球化的趋势，不仅促进了生产力的发展和各国的世界性交往，同时也把资本主义社会的生产社会化和生产资料私人占有之间的矛盾，通过经济全球化而变为一种具有世界性质的矛盾；把发达资本主义国家内部的贫富矛盾，扩大为世界范围内的富国与穷国的矛盾。这更有利于人们重新认识马克思主义理论的真理性，有利于世界人民对新的更公正更合理的社会主义制度的追求和选择。

当今世界，中国改革开放的巨大成就已向世界表明，社会主义的前景是光明的，马克思主义是当代世界真正能给世界人民解放以精神支持和理论指导的科学学说。当然，这要经过较长时间的资本主义世界矛盾激化过程，经过长期的工人阶级组织和教育的过程，需要世界各国的马克思主义队伍的各自重新集结和壮大，需要群众革命意识的重新觉醒，需要各国马克思主义者与本国实际相结合，不断推进马克思主义的新发展。如果用毛泽东当年说的"前途是光明的，道路是曲折的"来描述马克思主义的前景，我认为非常恰当。马克思逝世已经 130 多年了。经历了这 130 多年波澜壮阔风云变幻的历史考验，马克思依然是世人心目中伟大的思想家和革命导师；他所创立的马克思主义依然是我们时代的旗帜，依然是最具生命力和创造力的理论思想。黑格尔说过，"伟大的灵魂——哲学史上的英雄们的身体，他们在时间里的生活（哲学家的外在命运），诚然是一去不复返了，但他们的著作（他们的思想，原则）却并不随着他们而俱逝。"① 历史上不少著名思想家的思想不死，因为它通过文字物化为著作，可以为后人研究、吸收、借鉴。

这里特别需要指出的是，马克思与其他对历史和现实发生影响的思

---

① ［德］黑格尔：《哲学史讲演录》第一卷，生活·读书·新知三联书店 1956 年版，第 42 页。

想家不同，那些历史上对人类思想有长期影响的思想家，他们的学说、理论一般都是在思想领域中，没有变成也不可能变成一种改造社会的运动，更没有千千万万的实践者和最广泛的群众支持，而马克思是永远的马克思，因为他所创立的学说在世界许多地方为群众所掌握，变为一种改造世界的物质力量，在实践中传播，在实践中发展，而不是只存在于图书馆中，存在于典籍中待人阅读和研究。马克思永远是"活着"的马克思，虽然他在130多年前就安葬在伦敦海格特公墓中；尽管马克思创立的马克思主义产生于19世纪40年代，但它具有的真理性认识是任何时候都不能被推翻的。

有些人在谈论所谓的马克思主义的危机。我们承认马克思主义发展的道路是曲折的。马克思主义从19世纪40年代的少数先进分子的理论，变为整个工人阶级的理论，变为社会主义各国的指导思想，在100多年中，它沿着一条上升路线前进。可是从20世纪50年代中期开始，它似乎是沿着下降的路线后退。有些原先的社会主义国家抛弃了马克思主义；在一些资本主义国家中，马克思主义与工人相脱离，逐步回到课堂和书斋，成为一种

★ 2018年5月5日，马克思诞辰200年纪念日，英国本地民众和来自中国、法国、俄罗斯、德国、比利时等世界各国各地区的人士，自发来到位于伦敦北部的马克思墓碑前，举行纪念活动。图为人们向马克思墓碑献花　中新图片／张平

纯学术研究。其实这不是马克思主义的危机，而是背离马克思主义造成的危机。这种危机，必然推动当代真正的马克思主义去探索、思考，进一步创造性地发展马克思主义。

真理的力量是不可战胜的！

未来属于马克思主义！